写材料算怎么回事

讲话稿写作密码

万华 著

上海三联书店

目录

 AI

 改开

业务

自序
写材料岗位很快将被 AI 替代吗

不是应该卖什么吆喝什么吗？
万华是对自己所在岗位感到悲观了吗？

这个问题说来话长，当然也可以长话短说：
套路化的、没有新意的文字材料写作，
应该比原创性的更早被 AI 替代。

换一种表述吧，就是那种剪剪贴贴、
东拼西凑，类似上级文件洗稿的材料，
人工智能设备将比大多数人写得更快更好，
至少比文秘新人写得更快更好。

即将出现的写材料AI，模仿能力超强，连续加班、不闹情绪，也不伸手要官做。

一篇讲话稿，有的内容具有原创性，
而有的是大而化之的正确的老句子，
有的车轱辘话，甚至已经写了几十年。
特别明显的例子不说了，怕得罪人，
万华提供一个容易混淆的段落，
就是看上去务实，也涉及了工作项目，
但整个段落的写法却似曾相识。

一是要切实抓早抓好。 所谓"抓早"，就是要针对今年春节在 1 月份、本月有效工作日比较少的特点，切实做到早安排、早部署、早启动、早落实。各乡镇、各开发区管委会的招商项目集中签约会、项目集中开工仪式，原则上要在春节前举行。年度重点工程项目、年度民生实事项目部署动员大会，也要在正月十五以前召开，把任务分解落实下去，为基层单位"抓早"创造条件。所谓"抓好"，就是要……

这样的段落有时不得不写，但是，

千万别太当回事，别以为自己懂业务了，
更不要以自己能写这种内容而陶醉。

类似段落，万华二十多年前写过，
当时就在想：这段话好像无话找话呀，
需要写吗？领导需要在会上念吗？
如果在座的干部连抓早抓好都理解不了，
那这样的干部队伍素质低到什么程度？
还指望他们解放思想、拨乱反正？
指望他们拼搏奋斗、实现四个现代化？
如果只讲这些，那这样的会还有必要开吗？
不如把一月份的工作项目清单发下去，
哪个乡镇有疑问、有建议的，提出来，
只需要把有困惑的单位找来"加餐"开会就行了，
哪儿用得着召开大呼隆的动员会呢？

当年，万华写类似段落，也是照葫芦画瓢，
借鉴的是单位的故纸堆，也就是说，
我师父、师父的师父早些年就写过。

拿着泛黄的稿子，我问师父："这谁写的？"
师父说："噢，他呀，退休好些年了。"

纸质档案全部数字化之后，
再洗稿就要担心查重了。

然后，我把师父和师祖的套路隔几年用一下，
我知道抄材料要花着抄，别连年盯着抄，
去年抄大前年的，今年抄前年的，
或者历年的各抄一点，再打乱秩序搭配，
不想动脑、不想努力时，这招儿挺管用。

> 薅羊毛别盯住
> 一只羊薅。

这样的段落，人工智能设备能写吗？
尽管我不懂 AI 技术，但我相信，
只要让机器分析过去几年同类的材料，

分析各地同行的相近的材料，
再输入一季度的项目清单、时间节点，
应该可以合成一篇符合要求的材料。

嗯，像抓中药，各取
一点，搅拌在一起。

如果人工智能设备读过的材料足够多，
比如，读过"大跃进"年代的这句口号：

鼓足干劲，力争上游，多快好省地建设社会
主义。

再让它饱读近几年的公文材料，
然后，向 AI 设备输入指令，告诉它：
（二十世纪）五十年代有篇讲话稿，过于精练，

多快好省

篇幅太短，撑不够会议时长，
请进行扩写！
并且进一步提示：
有的句子可以适当展开阐述一下，
既可以古为今用，也允许今为古用，
别担心时空错乱，可以有穿越感。
然后，它大概会输出这样的段落：

"鼓足干劲，力争上游"，好理解。那么，
怎么理解"多快好省"呢？所谓多，是指数量、
产量、销售量，就是经济总量，就是 GDP。虽
然说发展质量很重要，但是质量也是以数量为前
提的，要以数量保质量。所谓快，是指速度，要
追赶，一万年太久，只争朝夕，要牢牢抓住战略
机遇期。所谓好，是指质量，不能走粗放式发展
的老路子，要集约发展，高质量发展。所谓省，
是指效率、效益、效能，讲究投入产出比，要倡
导节能减排，加强环境保护，不能以牺牲环境为
代价发展，要坚持绿色发展。

一万年太久

哇！四个字居然可以写这么一大段，
如果嫌篇幅还不够，AI可继续扩写，
四个字可以写四段，甚至四篇论文。

这种阐释和分析，六七十年前有，
并不奇怪，当时的干部文化水平不太高，
当时社会上文盲比例很高，包括基层干部。

万华中学时代订阅过《讽刺与幽默》，
还读过很多讽刺领导不会念稿子的笑话，
其中一则是说，某领导不会断句，
把"已获得文凭的和尚未获得文凭的干部"，
念成了："已获得文凭的和尚，
未获得文凭的干部。"
还有个笑话是说，领导交代秘书：
哪里可能有掌声，你在稿子上标注一下。

现在，还有必要阐述大多数人都懂的道理吗？
或者，高层需要写这些，为了明确大政方针；

断句

中层和基层也需要层层重复写、重复念吗？
经常写这些，能有效提高业务水平吗？

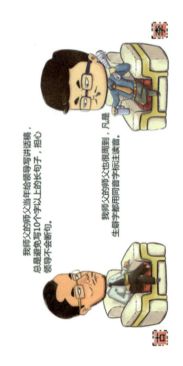

同音字

还有，万华平时不愿讨论字句或标点，
凡是属于纯语文范畴的字句或标点问题，
觉得只要不引起歧义就行了，不必纠结；
也不愿意讨论引经据典和排比对仗，
当然，万华肚子里没啥经典可引可据。

可以试着按照 T 形结构进行
把能够说明问题的典型小故

**黄书
P17**

以上四个小标题，算不算排比对仗？
老万不懂平仄押韵，字数差不多就得了。
之前反复强调，这不是写材料的重点，
材料写得多了，把字数凑齐并不难，
这只能算是副产品，不建议专门学。

多数情况下，字句标点讨论价值不大，
也没有真正的、核心业务的含量，
自己查字典、查规范，不就行了？

 平仄

鼓足干劲，力争上游，多快好省地建设社会
主义。

比如，就像刚才这句，要不要讨论：
鼓足干劲与力争上游应该是并列关系，
都表示精神状态，类似奋发有为的意思，
所以，第一个逗号改顿号似乎更好？
又如，这个句子如果写在动员讲话稿结尾，
可以把句子结尾的句号改为感叹号，
表达的精气神会更加饱满，更有感染力吧？
再如，多快好省后面的"地"字可以省略，
省略了更加紧凑，不影响意思表达。

以上三个犄角旮旯的思考，都没价值！
人工智能设备应该很快可以识别，
写再多也不能构筑岗位技能的护城河。

人工智能有什么显著特点？当然是模仿！
它只能写已经有人写过的句子及组合，

 护城河

写不了原创的、从来没出现过的内容。

如果社会上出现新酒和新标签，

机器人自然知道用新瓶装新酒；

如果新标签层出不穷，但没有新酒，

机器人自然心领神会，它最擅长的是：

用新瓶装旧酒，再勾兑新理念，

根据客户需要，随意贴上年份标签。

现在，回答本文的题目提出的问题：

写材料岗位将很快被人工智能替代吗？

AI可以接管的工作，有三个要件：

一是技术上可行；二是有效的市场需求；

三是法律和道德伦理上没有障碍。

以汽车驾驶为例，物理学家万维钢介绍，

国际汽车工程师学会弄了个标准，

把自动驾驶汽车分为5个级别，

0级是完全没有自动化，就是人开车，

 伦理

5级是完全自动驾驶，驾驶员变乘客，

不管什么天气、什么路况，都只做乘客。

1级大概是定速巡航、自动刹车、

保持车道、自动驻车、泊车辅助等，

现在，已经有许多汽车达到了这个水平。

2级是有的时候汽车可以自己开，

但是要求驾驶员必须一直盯着，

目前比较先进的汽车已经达到了。

3级是人可以不盯着汽车了，

但如果汽车发出警示信号，人要接管。

4级是驾驶员有时可以在车上睡觉。

目前，国际汽车界认为，5级永远不可能。

大多数一般人认为，5级任重道远，

但是，有个不一般的人——爱隆·马斯克，

他说，5级，即完全自动驾驶这两年就将实现。

他的结论是真是假？一两年后自见分晓。

 驻车

我国的《汽车驾驶自动化分级》标准，
将汽车自动驾驶分为三个等级，分别为：
有条件自动驾驶、高度自动驾驶、完全自动驾驶。
目前，无驾驶人的情形，缺乏上位法依据。

万华在写这篇序言的时候，总在担心，
担心本书的出版进度，赶不上技术进步。
当然，立法的进程可能还需要进一步达成共识，
同理可证，写材料完全被 AI 替代尚需时日。

嘿嘿！万老师对技术
进步估计不足了不是.

在享受人工智能带来的便利方面，
写材料岗位，与驾驶员岗位进展差不多。

同理可证 ▸
😊 ➕

印刷机被发明之前，写材料处于 0 级，
写字前，先要磨墨，墨汁还可能结冰，
要用炭火把屋子的温度升高一点，
就像比较老的汽车，要手摇点火发动。
写材料的 0 级，就是全部手写，
写完一个字，再写下一个字，完全手写，
写好了，想送给别人看，又怕丢失，
就必须一个字一个字地手抄一份，
所以，自古以来就有"抄送"一说。

打字机、复印机的推广普及、
输入法的联想功能、微信传输文档、
图片文字识别、语音转换文字等，
这些都算 AI 辅助写材料的 1 级，
目前，大部分文秘都在享受 1 级。

某些机构，已经试点让机器人写体育报道、
写财经报道，还做了"两会"专题报道，
精确度比较高，稍作改动就能刊登。

抄送 ▸

😊 ➕

已经有法院尝试让机器生成判决书，
效果也不错。我是听说的，没查到出处。
但是，法官的自由裁量权变得更少了，行吗？
虽然我们的法律与大陆法系渊源更近，
法官的裁量权不如英美法系的大，
但如果一点裁量权没有，恐怕也不行；
即便法官能接受 AI 生成判决书，
当事人肯定也未必服气啊！

这次合同纠纷是机器人判的，我肯定要上诉！

以上应该属于 AI 辅助写材料的 2 级，
发展进度略低于目前的自动驾驶。

裁量权

评估写材料岗位被机器替代的要件：
第一，市场需求是毫无疑问的。
那么多机关和无数的企事业单位，
投入了大量的人力、物力、财力写材料，
人力资源的巨额花费自不必说，
仅仅是复印纸的消耗、打印机的排放，
就可能构成了实现双碳目标的巨大障碍，
因此，用 AI 替代的冲动是强劲的。

第二，技术进步的前景也非常乐观，
可以参照智能汽车技术的进展，
AI 达到写材料的第 3 级，并不难。
想象中，3 级水平差不多是这样的：
领导明天要到经济论坛上致辞，
先让机器饱读世界前沿经济动态信息，
浏览最新发表的经济论文，
或者，领导的机器早就同步了前沿信息，
只需要领导再把自己的思路、关键词，
以及想到的有特点的只言片语，输入电脑，

双碳

几秒钟后，不对！机器的反应时间忽略不计，
马上得到一篇八九不离十的讲话稿，
然后，领导手动修改一下，大功告成！
如果实现脑机接口，那只言片语也不用输入。

第三，法律和道德伦理这一关不好过，
这与自动驾驶的道理差不多。

设想一下：完全由人工智能驾驶的汽车，
遇到行人乱穿马路要不要急刹车？
刹车太急，可能造成车内人员伤亡；
刹车不及时，可能造成行人伤亡。
两害相权取其轻，那么，孰轻孰重？
程序设置上，是优先保护车内人员，
还是优先保护马路上来不及避让的行人？
车内人员优先，法律不允许上路；
优先保护行人的车，则卖不出去。

人工智能生成的文字材料，

人工智能 ▸

法律上怎么界定属性？
到底是人的意志还是机器的意志？
民主生活会上，让你对照检查、自我批评，
你拿出一份机器生成的材料照本宣科，
你的诚意何在？你的党性何在？
如果班子成员人人用的都是机器生成的材料，
那这个民主生活会还有必要开吗？

有些基层单位，材料虽然不是机器生成的，但会议开得也没啥效果。

假如厂长的职代会报告是机器炮制的，
这让职代会和代表们情何以堪！
用机器糊弄行使民主权力的职工代表吗？
而且，机器就能决定企业中长期发展规划了，

炮制 ▸

也能安排明年全厂的重点工作任务了，
这是把厂长及领导班子当摆设吗？

老古，下午职代会我请假。

小白

万华漫话

下午投票表决，不准请假。

老古

**我遥控机器人投票吧；
反正报告也是机器写的。**

小白

那么，有了这一层伦理障碍的保护，
写材料岗位就可以高枕无忧了？
且慢！写材料与自动驾驶不一样，
不需要达到 4 级或 5 级才被替代，
只要机器达到刚才假设的 3 级水平，
剩下由领导自己动手微调的余地，
在性质上就只能算是机器辅助而不是替代，

性质

行政伦理问题差不多就过得去。

如果领导修改材料与文秘沟通很费劲，
那么，专设写材料岗位就纯属添乱。

和你说话也太费劲了！

说一千道一万，万华的结论是：
目前，各单位写材料岗位普遍缺人、
物色合格写手比物色科长还难的状况，
是一种暂时的、虚假的职业繁荣！
就像诺基亚手机消失前的热卖，
就像某些行业头部企业轰然倒塌。

继续拿汽车制造行业来说事，

沟通

造车新势力和新新新势力不断加入，
资本大鳄逐鹿中原，日趋白热化，
如果某车企不思转型，不管是老牌车企，
还是所谓的造车新势力，我是说如果啊，
如果某一天突然倒闭，也不用奇怪吧。

文秘新人，作为写材料的供给侧，
需要对自己的能力有清醒认识，
如果只会写套路化、格式化的材料，
决不能沾沾自喜，要有危机感，
要在写材料中熟悉业务、把握规律，
努力朝着善于对工作深入思考，
能够提出原创性对策建议的方向转型。

这本书，在分析写讲话稿入门问题的同时，
将会尽可能多地分析硬核的业务问题，
分析业务背后的工作规律、社会规律，
争取不让人工智能追上你，只能说争取吧。
连万华这种年代的人都在努力，你呢?

新势力 ▸

本书大量引用万华前 3 本书的内容，
为了明确指代、便于查找对比，约定如下:
2019 年出版的《信息写作方法论》，
主要分析讲解**政务信息**的写作要领、
负责处理**简报**和**专报**的岗位的工作技巧，
封面是蓝色的，以下简称**蓝书**。

2020 年出版的《公文写作模板》，
主要讲解了机关 15 种公文的用法和特点，
为**报告、请示、会议纪要、礼仪信函**等，
共七八种公文品种专门绘制了写作模板，

横板 ▸

并从机关职场生态角度，用通俗风趣的语言，
分析《党政机关公文处理工作条例》的立法意图。
封面是红色的，以下简称**红书**。

2021 年出版的《初学者入门路径》，
主要讲解了**调研报告、典型经验材料、
疫情防控信息、信访件办理函、编者按、
政府大事记、合理化建议**等文稿写作要领，
封面是黄色的，以下简称**黄书**。

此刻，你手中的这本书，将来简称**绿书**。

 编者按 ▸

2022 年 1 月 写于上海

 入门 ▸

学步篇

万华看过的一些讲解公文写作的书或文稿，
大致是这样的风格：先贴出一篇范文，
然后堆砌溢美之词，比如，高屋建瓴、
气势恢宏、结构精巧、大气磅礴……
初学者看了，当时会觉得深有同感，
事后自己提笔，好像还是不会。

贴心一点的书，会有更细一点的讲解，
告诉你哪段、哪句写得如何好，
并且详细分析理由，也还站得住脚吧。

万华一直追求"无中生有"的教学法，
零基础的新人，怎么学写材料？
面对素材、面对背景情况，怎么起笔？
从第一个词、第一个句子开始写，

对的，就是脑子里想一个词、造一个句！
第一个词是怎么想出来的？
第一个句子怎么造出来？为什么这样写？
如法炮制，几个句子组成一个片段，
再然后，组成一个小段落，进而到大段落。
继续复制粘贴，写出几个大段落，
最后，拼接成一篇完整的讲话稿。

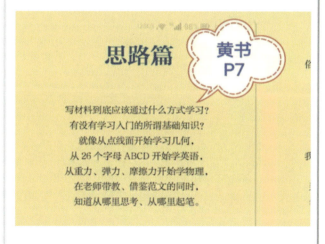

万华的前几本书，尤其黄书，已经做了尝试，

第一个

基础知识

现在这本绿书，把这种风格发扬光大。

写讲话稿的密码，就是写讲话稿的要领吧，
　所谓要领，字面意思是要紧的本领，
万华分析入门的方法、抓住要紧的环节，
　尽量把动作拆解开来，便于模仿学习。
　本篇将要分析讲话稿的结构特点，
　　还分析布局谋篇、写作角度等。
　当然，主要还是怎么"无中生有"，
从遣词造句开始，先写出第一个词和句，
　一句一句写，最后写出一篇讲话稿。

造句

【万华的网友在加班】

花卷
又一个被关进的夜

2020年12月16日 22:20   删除

夜

第1章
是不是存在一种标准讲话稿

你可能曾经想过这样的问题，
现在，万华把它写出来：
只要提到讲话稿，脑子里就会——
立即想到一种"标准"套路的讲话稿，
就是在"标准"的部署动员会上，
给会议的最高领导讲话准备的稿子。

所谓标准动员大会，常常是这样安排的：
出席会议的第二或第三把手是主持人，
另外一位副职，解读政策文件。
如果是涉及多个领域的工作，
而且制定下发了不止一个文件，
布置了不止一个大项的工作，
那就可能不止一位副职出席，
或解读政策，或宣读贺信、表彰名单，等等。

部署

不管会议安排了什么议程，
反正最后是会议的一号领导讲话。
有时，一号与二号领导讲话都比较长，
实在是因为这项工作太重要了。

一号领导讲话稿，通常的结构：
开场白 + **怎么看** + **怎么办** + **结尾语**

这四个板块中，主体内容是中间两块。
一般来说，如果讲话稿是这样的两大块结构，
第二大块侧重于写抓落实的措施和方法，
那么，第一大块主要写**思想性**字眼，
并且尽量避免写**行动性**字眼，
否则就与第二大块可能有重复。

你可能曾经有过这样的感受，
现在，万华把它写出来：
怎么办比较好写，怎么看更难写。
这是万华当年的感受，现在仍然是这种感受，

行动性

· 15 ·

尤其对初学者来说，怎么看是很抽象的，
抽象就是务虚，飘在空中，抓不住；
怎么办更务实一些，相对比较好写，
通常还可以依靠职能部门提供的素材。

　　本章先分析"怎么看"的结构，
通常写三段，这三段的逻辑构成可能是：
国际形势、国内情况、本地现状；
或者，责任使命、内在规律、必然趋势；
又或者，过去、现在、将来；
再或者，横向看、纵向看、总体看；
…………
以上是我二十多年来的模糊印象，
不管哪种逻辑结构，只要被使用得多了，
就会被认为套路化、八股化。
比如，"国际 + 国内 + 本地"结构，
对于一个层级比较低的单位，
除非是外事、外贸等强相关单位，
否则，国际形势对你的单位影响并不直接，

强相关

　　逢会必讲，难免牵强附会吧。

怎么看与怎么办的对比区分

怎么看，解决思想认识问题，	怎么办，解决行动方法问题；
怎么看，解决工作动力问题，	怎么办，解决能力水平问题；
怎么看，交代鲜为人知背景，	怎么办，传授鲜为人知窍门；
怎么看，多是务虚建议阐述，	怎么办，多是务实措施安排。

鲜为人知

现在，你会忍不住问万华这样的问题：
既然八股、牵强附会，为啥要学？

万华借用下面这句名人名言回答你：
你想鄙视某事物，先把它搞清楚再鄙视。
既然各单位都在用，你肯定就会用到，
而且，在可以预见的未来，还得继续用，
作为初学者，你还是先学会再说吧。

在庆丰市工业化工作会议上的讲话

市长 高庆丰

2006 年 6 月 6 日

同志们：

这次会议的主题（略）。下面，根据会议安排，我讲两点意见。

一、统一思想，转变观念，充分认识强力推进"工业兴市"发展战略的重要意义

认识的深度决定工作的力度。推进工业兴

鄙视

市，关键是要从战略和全局的高度，进一步提高对发展工业极端重要性的认识，切实增强加快工业发展的紧迫感和责任感。

1. 必须充分认识到工业化是实现现代化不可逾越的历史阶段。（略）

2. 必须充分认识到工业化是"三化"的核心和动力。（略）

3. 必须充分认识到工业化是全面建设小康社会，实现庆丰崛起的基本途径。（略）

本章，被选择用来讲解的这篇讲话稿——
请稍等！之前你说要从造句开始讲，
怎么现在，你却要贴上来一整篇范文？
——别急，学造句要等到第 3 章，
自己动笔之前，先看看别人写成啥样子。

选这篇范文，并非万华认为写得有多好，
只是基本符合我想分析的结构套路。
这篇范文的第一大块，它的总观点是：

历史阶段

推进"工业兴市"战略，意义重大。
怎么证明意义重大？分为 3 个分论点：
历史阶段、核心和动力、基本途径。

总观点 = 分论点 1 + 分论点 2 + … + 分论点 n

分论点 1：不可逾越的历史阶段。
这主要是从**纵向对比**的角度进行论证，
从国内外历史经验看，必须这么做，
都要经历这个阶段，躲是躲不过去的。

分论点 2：工业化是核心和动力。
论述它在"三化"中的地位和作用，
这是从**横向对比**的角度论证，
任何工作都与其他工作有联系，
这符合事物的普遍联系原则。

分论点 3：是实现崛起的基本途径。
这是从**分与总的对比**角度论证，

工业化

即单项工作与全市工作的对比分析，
要想实现全面小康、城市崛起，
思来想去，你就得走工业化这条路！

一级标题与"分论点 1"之间的帽段，
这几句话，看似都有道理，但是，
这也差不多是个"百搭"模板，
无论什么工作，都可以套用这段：

认识的深度，决定工作的力度。推进
×××× 工作，关键是要从战略和全局的高度，
进一步提高对发展 ×××× 极端重要性的认识，
切实增强加快 ×××× 发展的紧迫感和责任感。

所谓百搭，就是放之四海而皆准，
这样的话语，肯定是务虚的、原则性的，
差不多上升到了哲学的高度，
万华觉得对指导具体工作的作用并不大，
但是每次还得写，不写就不顺眼，

百搭

好像冬天穿低领的大衣，没围巾不行。

下面，先看"分论点2"的原文：

2. 必须充分认识到工业化是"三化"的核心和动力。
我们提出"工业兴市"发展战略，高度重视工业的发展，这并不意味着不重视农业，农业是基础，但是只有工业发展了，才能反哺农业、促进农业更好地发展，才能为城镇化提供有力的产业支撑。工业化是"三化"的核心，加快工业化进程是加快城镇化的必然选择，也是实现农业现代化的本质要求，对此，我们要有正确的认识。**首先**，要正确认识工业化与城镇化的关系。工业化是城镇化的根本动力和"助推器"，工业化水平在一定程度上决定了城镇化发展的水平、速度和质量，城镇化如果没有工业的产业支撑很难得到较快发展。我市的城镇化水平分别低于全省、全国平均水平11.5和23个百分点，工业化水平分别低于全省、全国平均水平9.8和12.9个百分点，工业

化水平较低，在一定程度上制约了城镇化进程。加快我市的城镇化，必须要靠工业化来推动；只有加快工业化进程，我市的城镇化才能有一个大发展。**其次**，要正确认识工业化与农业现代化的关系。在党的十六届四中全会上，胡锦涛总书记提出了"两个趋向"的重要论断："纵观一些工业化国家发展的历程，在工业化初始阶段，农业支持工业、为工业提供积累是带有普遍性的趋向；但在工业化达到相当程度以后，工业反哺农业、城市支持农村，实现工业与农业、城市与农村协调发展，也是带有普遍性的趋向。"这是一个立意高远、内涵深刻的重要论断，是我们党在新形势下对工农关系、城乡关系在思想认识和政策取向上的进一步升华。党的十六届五中全会提出了"推进社会主义新农村建设"的任务，工业化又增加了新的历史使命，从而使工业化与农业现代化的内涵更丰富、联系更紧密。建设社会主义新农村，关键是要形成以工促农、以工哺农、以城带乡的新机制，其落脚点就是要加速工业化进程。

🔊 围巾

🔊 论断

我市作为传统农业大市，建设社会主义新农村任务艰巨，必须紧紧抓住工业化这个核心，通过加快工业化进程，提升农业装备水平和农副产品精深加工水平。要通过加快优质粮油、棉花、林木、皮革、蔬菜、水果等农副产品加工业的发展，带动农业结构调整，促进产业化经营。要用工业的理念来指导农业发展，用产业化的发展思路来整合农业资源，用工业化的生产方式来组织农业生产，用企业化的组织形式来培育市场主体，促进农村经济持续快速健康发展。

这个段落由两个二级分论点组成，
当然，这两个论点也可以看成论据：
分论点 2= 小帽段 + 二级分论点 1 + 二级分论点 2

前面的小帽段，概述了三者关系，
这段基本上可以从中央、省的文件借鉴。
然后，这个帽段得出了两个小结论：

工业化是"必然选择"，也是"本质要求"。
这两个小结论对不对？后面再作分析。

二级分论点 1，即由"首先"引领的内容，
要求"正确认识工业化与城镇化的关系"，
用了本市与全省、全国的数据对比。

二级分论点 2，即"其次"以下的内容，
分析的是工业化与农业现代化的关系，
这段又可以进一步分出第三级分论点（或论据）：
二级分论点 2 =
三级分论点 1 + 三级分论点 2 + 三级分论点 3

这三个分论点或论据，分别对应着：
历史的视角、现实的视角、本市的视角。
这三个视角，换成大白话表述就是：
（1）工农相互哺育是（全球的）**历史必然**；
（2）工农相互哺育是（全国的）**新的使命**；
（3）工农相互哺育是（本市的）**现实需要**。

 分论点

 使命

分析到这里，大家是不是发现，
一级分论点、二级分论点、三级分论点，
一层层往内部延伸，像剥笋壳，
也像树的枝丫，一节一节往上生长?

道教所谓的一生三，三生九，无限循环，
这样的结构，可以看成**几何分形结构**。
有些蕨类植物的形状，就是分形结构的典型，
每个局部，都是整体形状的微缩;
反过来，再大的整体也是微观形状的放大，
雪花也是典型的几何分形的例子。

右图就是万华对标准讲话稿结构的模糊印象。
万华原打算拍一张植物枝叶的照片，
曾经无数次在公园草坪和野外看到，
临到要用了，在单位大院、小区绿地都没找到，
如果你有兴趣，自己找，肯定有的!

大院

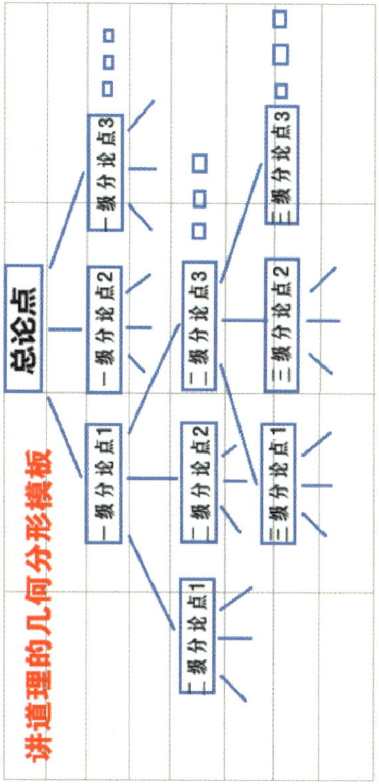

讲道理的几何分形模板

总论点
一级分论点1
一级分论点2
一级分论点3
二级分论点1
二级分论点2
二级分论点3
三级分论点1
三级分论点2
三级分论点3

讲道理

与分形对应的是**线性结构**的说理，
有点像侦探小说，一环紧扣一环，
它的特点，就是在整个说理的链条上，
每一环节，都是下一个环节的论据，
也同时必须是上一个环节的结论：
我是父母的孩子，也是孩子的父或母。

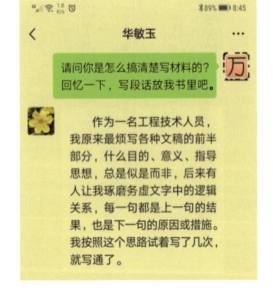

线性结构 ▸

下面再看"分论点1"的原文：

1. 必须充分认识到工业化是实现现代化不可逾越的历史阶段。工业化是现代化的基础和主体，是实现现代化的**必由之路**；工业化的任务不完成，实现现代化就无从谈起。**从英国工业革命**产生的巨大影响，从二战以后的日本崛起，从"**亚洲四小龙**"的快速发展，都可以看出，这些国家的强盛，无一不是从农业社会进化到工业社会，进而带动工业化、信息化、城市化的整体推进，最终实现现代化。**从国内来看，**珠江三角洲、长江三角洲和环渤海湾等经济繁荣地区，也都是工业经济最先发展起来的地区。**目前，我市**经济正处于农业经济主导型向工业经济主导型过渡时期，加快工业化进程是当前最重要的任务之一。**市委**明确提出了富民强市的发展目标，是不是达到了"富民强市"这一目标，关键是看两个指标：**一个是**经济的发展，包括 GDP 增长和财政收入，**另一个是**社会事业的发展和人民生活水平的提高。我市虽然

工业革命 ▸

是农业大市，但是农业属弱质产业，受自然环境影响较大，农业产值增长的空间越来越小，速度也将会越来越慢。我们要实现经济的快速增长，主要是靠工业的发展，而且也只能靠工业的发展。财政收入也是这样，我市工业对财政的贡献率还不到 30％，远远低于全省平均水平。农业税全免以后，工业对于财政收入的意义更为重大，没有工业就没有税源，没有工业就没有财政，没有工业就只能落后。我们只有大力发展工业，加快工业化进程，才能加快发展的速度，才能逐步缩小与全省平均水平的差距，才能实现庆丰现代化这一宏伟目标。

这个段落，以"市委"为分水岭，
"市委"之前的内容，分三层意思，
从国际情况写，从历史情况写，
从英国工业革命，到"亚洲四小龙"，
从国内发达地区，到本市现状，
经过对比分析，得出结论：

弱质产业

必须加快向工业化转型的进程！

"市委"之后的内容，讲"检验标准"，
也是分析分目标与总目标的关系，
或者说是措施与目标的关系。
"富民强市"是全市工作总目标，
工业化，是分目标，是途径或手段。

当时还有个背景，国家实行农业税全免，
没有农业税来源，财政便只能靠工业，
分目标与总目标的关系非常紧密，
基本上就是唯一途径，别无选择。

3. 必须充分认识到工业化是全面建设小康社会，实现庆丰崛起的基本途径。（略）

为了节约篇幅，第三段就不分析了。

这篇讲话稿，通过以上大篇幅的阐述，

农业税

其实只有一句话：要大力发展工业!
我总感觉，"怎么看"写多长，
取决于受众对这个问题的接受度，
如果是一个非常复杂的新生事物，
比如，在 2021 年初进行元宇宙科普，
那当然必须进行详细解释；
但如果道理很浅显，那写几句话就够了，
用不着长篇大论，浪费大家时间。

我相信，对当时的庆丰市而言，
基层干部都知道应该大力发展工业，
大家的困惑，不是该不该发展工业，
而是怎么多快好省地发展工业，
需要具体的思路、具体的政策和措施。

万华之所以交换第一与第二段的讲解次序，
就是为了使第一与第三段挨得近些，
便于你将这两者直观对比，然后发现：
第 1 段与第 3 段标题，有很多相似的字眼!

 元宇宙

比如，**基本途径**与前面的**必由之路**，
都是指工业化这条路非走不可。

讲话稿的"讲道理"这部分内容，
万华个人偏向写得简单一点，
或者，中高层的文稿是有必要写充分的，
它的作用是统一思想、指明方向，
但在中低层，不必过多重复，
并且，篇幅一长，逻辑上难免打架。

比如，请回看分论点 2，其中写道，
加快工业化是加快城镇化的必然选择。
这个结论，今天来看，很值得推敲。
有些城市，处在生态保护区范围，
不能发展工业，但是可以发展旅游业，
也同样实现了城镇化、城市化。

香港没什么工业，但是城市化程度很高，
香港主要靠第三产业实现城市化。

 必由之路

如果再超前一点，需要思考的是：

发展工业化，还需要注意什么?

如何防止工业化对生态造成破坏?

我老家工业落后，
也许是幸运的？

例文存在的这个缺陷，一是可以看成，

特定的历史阶段，认识的局限性。

二是可以看成，这个会议的主题就是强调工业，

抓住一点不及其余，其他都放一边！

三是可以看成，为了凑字数，来不及思考周全。

写讲话稿的要领，就是写议论文的套路嘛，

写议论文嘛，什么素材都能为我所用，

各种情况和数据，用得好才称其为旁征博引；

用得不好，就是东拼西凑、东拉西扯。

【万华的网友在加班】

第 2 章
讲话稿的大小标题怎么写

上一章提到动员会讲话稿分两大块，
第一块，总的题目是"提高思想认识"，
具体的标题，可以有多种表达形式，
但核心就是一句话：怎么看。
第二块没分析，放在后续章节，
第二块要写的是抓落实，怎么办。

这一章，主要分析大小标题怎么写。
怎么看，高度浓缩的三个字，
拆分开来，可以有多种标题式样。

最简单的、最**基本款**的标题是：

充分认识 ×× 工作的重要意义。

做任何工作，都需要知道做的意义，
包括人活着，都需要意义来支撑，
抑郁症的病人，据说就是缺乏意义感，
觉得做什么都没有意义，没劲，
包括继续活下去的意义也体会不到。

进一步提高对 ×× 工作重要性和必要性的认识。

既然开会部署，有的会上还颁布了新政，
那肯定是表明这项工作非常重要，
它的重要性，大家都认识到了吗?
是一般的浅层次认识，还是充分认识到了?
如果停留在低水平认识，那就有待提高。

强调令行禁止的**命令款**题目：

进一步提高认识，把思想统一到县委、县政府的决策部署上来。

认识

意义

这个标题比较强调讲政治、讲纪律，

不管你理解也好、不太理解也好，

必须统一到上级决策部署上来。

这个题目适合对"自己人"提要求，

也就是对自己鞭长可及的对象，

比如，县委书记对全县党员干部，

公司老总对全体员工，都可以这样提，

听你讲话的对象，都归你管，可以下命令。

> 黄书
> P94
> ……工作情况
> ……疫情防控与稳增长两手抓两手硬，积
> 极**引导**企业错时复工、错峰上班、分散办公。据该区
> 了解，目前相关企业有 7 种错时错峰模式：**一是企业**
> **分批错时复工模式。**区有关部门、街镇与楼宇物业公
> 司、驻在的骨干企业协商，根据企业复工意愿、复工
> 条件、渐次安排复工。如，……洲际大厦共有 71 家
> 企业、员工 3500 人。目前，申报并通过审核的复工
> 企业 51 家，实际复工企业 37 家，复工员工 700 人。
> **二是关键岗位员工次第复工模式。**即公司根据工作需
> 4

 自己人

而有的场合、对某些对象，要慎用，

比如，疫情防控期间部署错峰上下班，

对于全县机关、事业单位、国企，

县委、县政府可以直接下命令，

怎么错峰、分几拨、每拨的上下班钟点，

以及相应细节，全都安排得明明白白；

而对于面广量大的社会上的其他单位，

应该是原则性的提倡引导，而不是行政命令。

这其实也是讲究责权利对等的体现，

你管民营企业的作息，那民营企业亏损你管吗？

再说，政府管得太细没必要，也管不过来。

当然，真要到了封小区、封城的程度，

那是另外一码事，那就必须一刀切。

强调责任感和使命感的**自驱款**题目：

> 进一步提高认识，增强做好 ×× 工作的责
> 任感、使命感、光荣感。

 责权利

作为负有某种使命的人群，
比如，作为党员，或者作为军人，
必须履行组织赋予的特殊使命。
行了！知道了！不用多说，我们都懂的，
都有预案的，不用扬鞭我们自会奋蹄的。

强调局部服从全局的**大局款**题目：

> 站在全局和战略高度，充分认识 ×× 工作
> 的重要意义。

作为下属的某个地区、某个单位，
在这项工作中，可能需要牺牲局部利益，
以便成全整体，去完成全局的既定目标；
可能需要牺牲眼前的暂时利益，
克服阵痛，是为了未来的更大利益，
在这种大是大非面前，不能含糊。

要求顺应发展方向的**趋势款**题目：

> 进一步提高认识，充分认识做好 ×× 工作
> 是适应 ×× 趋势的新形势、新要求。

这个趋势，有时是市场信号所显现的，
比如，股市"炒作"题材变了，
你不跟着变就有可能亏损。这大家都知道。
而有的趋势，有时是上级先预见到了，
告诉下级要跟着变，是命令，而不是建议，
这时，"趋势款"也就是"命令款"。
变化是客观的，不以人的意志为转移，
不顺应，就有可能被时代淘汰。

重在阐释精神实质的**内涵款**题目：

> 进一步提高认识，准确把握 ×× 工作的精
> 神实质和深刻内涵。

这一般是用在分歧比较大的时候，

严肃指出，这项工作不是你想的那样，
也并不只是你表面看到的那点事情，
而是上级正在下一盘很大的棋，
天地当棋盘，日月做棋子，
暂时撤退，是为了将来大踏步前进。

> 大棋？不会是拉大旗，作虎皮吧？

会议认为……参加会议的大多数人都持这样的看法……最后统一到这个观点上来……

会议指出。侧重于揭示本质。大家原来被表象、假象所迷惑，现在拨开迷雾，指出了真相，具有正本清源的意思。

会议提出。侧重于提出新的主张。亮明会议的观点，也是会议的成果，这些成果当然是在共识基础上进一步归纳、升华形成的。经常被称为"新提法"。

（红书 P123）

以上，是一级标题的几种式样。
一级标题下的二级标题，也常常是三段论：

1.×× 工作是贯彻 ×× 战略部署的重要一环。
2.×× 工作是落实 ×× 理念的生动体现。
3.×× 工作是呼应民生需求的题中应有之义。

大棋

二级标题，也可以像一级标题那样分几种款式，
但我不准备分了，区分的意义并不大，
以上，万华已经做了过细的多余的分析，
这么简单的句式，我觉得不用再归类了。
而且，在实际运用中，据万华观察，
大多数讲话稿的标题，并没注意这些细微差别，
只要内容写得好，以上标题随便套用，
或者说，这些细微的差别并没那么重要。

在庆丰市工业化工作会议上的讲话

市长高庆丰

2006 年 6 月 6 日

**在庆丰区加强新时代居住物业服务管理工作
推进会上的讲话提纲**

副区长李万山

2021 年 11 月 1 日

多余

分析了一、二级标题之后，再分析大标题，
上页的第一个是第一章范文讲话稿的大标题，
紧随其后的是第三章范文讲话稿的大标题。

讲话稿的大标题，常用的主要是这两款，
把它们抽象出来，大致是这样的模型：
在 +（× 单位）+ 会议名称 + 上的讲话（提纲）

关于讲话稿的大标题，需要解释 3 个问题：
一是"× 单位"要不要写？按万华理解，
特别大的、只此一家别无分号的单位，
比如，党中央或者国务院这样的大单位，
可以省略，不用担心读者会产生歧义。
当我们说"政府工作报告"的时候，前面没定语，
那就是中央政府的工作报告，总理作的报告。
如果是省政府或市政府的工作报告，
在部分场合不能省略"省政府"或"市政府"。

二是"讲话"与"讲话提纲"怎么区别运用？

报告

代表班子、代表集体意志讲话的，常用"讲话"款，
也通常是庄重的、基本不会临场发挥的场合，
比如，总书记《在"七一勋章"颁授仪式上的讲话》
《在庆祝中国共产党成立 100 周年大会上的讲话》，
都可以理解成代表党中央集体意志的讲话。

而大多数没那么重要的会议、没那么庄重的场合，
单位领导虽然也是代表一级组织讲话，
但并没有严肃到需要一字不差地念稿子。比如，
副区长在物业管理工作动员部署会上的讲话，
应该留有临场发挥余地，适合用"提纲"款。

总书记这两个讲话的大标题，都省略了单位，
前面分析过了，特别大的单位，就省略了。

还有这样一种可能性，那就是，
某些讲话稿，在文秘呈送领导的阶段，
是有"提纲"两个字的，暗含的潜台词是：
咱单位这位领导，是完全有水平脱稿讲话的，

提纲

他甚至不让文秘给他准备讲话稿，
只不过文秘比较贴心，主动提供了提纲，
给领导起个提示或备忘作用而已。
而等到讲话稿印发阶段，"提纲"两字去掉了，
因为这是按领导讲话录音整理的，
已经完整准确地代表了发文单位的法人意志，
没什么藏着掖着的，全都印发给大家了。

也可能，呈送领导的时候没有"提纲"两字，
而印发的时候加上了"提纲"两字，
那可能领导临场发挥得太多太散，或含有保密内容，
不适合印发录音原稿，必须进行"整理"，
所以，印发的是领导讲话的"传达提纲"。

三是关于讲话稿的主副标题问题。
万华年轻时看到的讲话稿，经常有主副标题，
比如有"乘风破浪……"之类的口号，
而目前常见常用的就是以上这种固定格式。

乘风破浪 ►

不管是"讲话"还是"讲话提纲"，
万华这本书为了节省篇幅，都统称"讲话稿"。

近年来，你可能曾经想过这样的问题，
现在，万华把你的疑问写出来：

小白

明明从头到尾照着念的，
为什么还叫提纲？

万华漫话

万

说明你不知道还有
"逐字稿"的存在。

万华之前的书中，有过这样的解释：
只能照念、不能发挥的，叫**报告**，
一鼓掌就生效，具有法定效力。
报告，是党政机关 15 种公文之一。
而领导可以发挥的，叫**讲话**。
之前这个结论大错不错，但不够严密，

逐字稿 ►

不能临场发挥或肯定不会脱稿发挥的，
可以是报告，也可以是庄重场合的讲话稿。

把讲话稿叫讲话提纲，我很长时间犯嘀咕，
直到我看到另外一个名称：**逐字稿**。
　　第一次是在罗振宇的音频节目里，
罗老师说，他每周的启发俱乐部演讲内容，
事先都要写出几万字的逐字稿，也就是说，
每一个字都要事先写出来，并反复推敲。
当时，我觉得这种严谨的精神非常值得钦佩，
后来，我猜这可能是由于外力作用的结果。
　　第二次是听某文化演艺公司的人说，
演出前，必须向主管部门提交逐字稿备案。

　　说的也是，公开的演讲、文艺演出，
所传授的自然科学知识，或者社会观念，
会对他人的科学认识、意识形态产生影响，
设置把关程序，也是必要的。

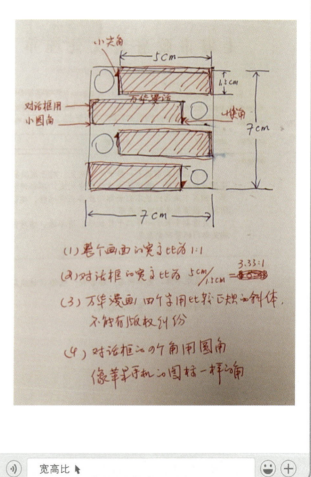

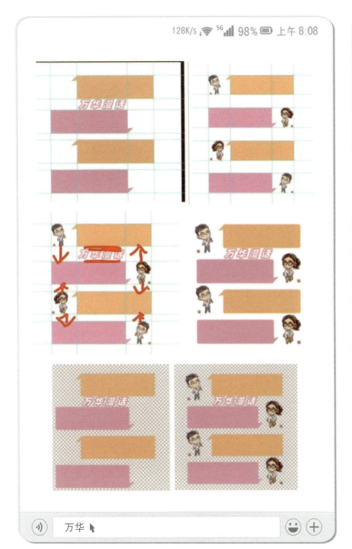

第3章
零基础写讲话稿怎么起笔

第1和第2章初步解剖了讲话稿，
这一章趁热打铁、现学现卖，
不管会不会，都不必心虚、不用犯怵，
强迫自己提起笔来，重温从零起步的过程。

写什么呢？万华选了个常见的领域：
住宅小区的物业服务、物业管理。
工作背景就是万华黄书的第1-3章，
手头有书的，可以复习一下，
没书也没关系，谁还不是小区的居民？
自己身边那点烦心事，都有体会。

万华先交代一下背景和事情起因：
市民热线**有反映**，对庆丰区物业的投诉很多，
热线办把相关材料整理报市政府后，

重温

市领导高度重视，其中，分管副市长**有批示**。
区政府接到批示之后，也高度重视，
责成有关部门开展了专题调研，然后，
多次召开专题会，进行了分析、研究、测算，
普遍感到，解决问题需要疏堵结合，
既要让居民出钱出力，也要给予财政补贴，
而且，以庆丰区目前相对充裕的财力，
有条件对老旧小区物业管理加大补贴力度。

再然后，区房管局与区财政局会商，
测算了补贴范围、补贴档次、补贴标准，
制定了老旧小区补贴的实施方案，
以及对物业企业加强管理的考核标准，
准备工作就绪后，房管局向区政府建议，
召开工作部署动员会，造一下声势。

区府办接到任务，为副区长起草讲话稿。
前文分析了，稿子分"怎么看""怎么办"两个部分，
下面，着手写"怎么看"这部分，

考核

动笔之前，先想想：为什么要开会、要讲话？

加强物业服务管理有什么必要性、重要性？

从以上这段背景看，这件事的由来无非是：

群众有需求，上级有要求，当地有条件。

其中，群众有需求，指老百姓的直接诉求，

上级有要求，既有中央、省的要求，

也包括市领导在有关材料上批示提出要求，

市领导也是根据群众反映才做的批示，

所以，上级要求间接反映了群众需求。

综上，第一大块"怎么看"可以分三段：

1. 上级有要求。（间接需求）

2. 群众有需求。（直接需求）

3. 当地有条件。（需要与可能相结合）

以上是三个段落的逻辑关系示意，

是为了方便理解三个段落的有机联系，

如果作为段落的小标题，那还得扩写。

写成像第 2 章介绍的那些字数比较多的小标题。

直接诉求

小白

为什么把间接的放第一、直接的放第二？

万华漫话

上级的要求代表的是更大范围的群众需求。

下面，着手写第一段：上级有要求。

这里的上级，从党中央、国务院开始写，

从党代会报告、人代会政府工作报告中寻找道理。

写到这里，万华顺便要与读者共勉，

作为文秘，一定要加强学习上级精神，

从中央到省，到市，到本地区，再到本系统，

凡是与自己岗位工作相关的

新内容、新提法、新表述、新精神，

要经常学习，时刻保持敏锐性。

机关有一种倾向，写材料熟手比较关注新提法，

文秘新人缺乏敏锐性，觉得"反正大同小异"。

大同小异

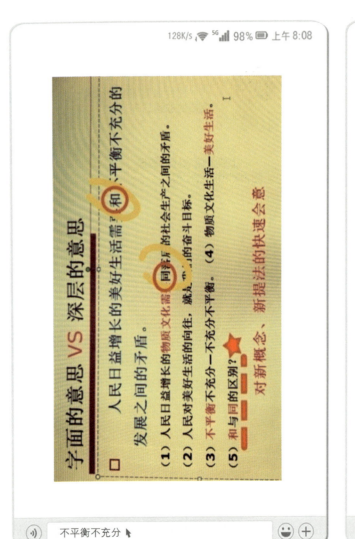

不平衡不充分 ▶

在万华的黄书里，分析调研报告的写法，
是从某一个小问题起笔的。比如，
房屋渗漏问题，居民们有什么反映，
物业公司又强调了什么客观理由，
现在，必须假设你已经开展了深入的调查研究，
而且，你认真做了调研笔记，那么，
到调研笔记中去找，从一点一滴的现象中找，
也就是那些能够被**看见**或**听见**的情况。

那么，写讲话稿应该从哪里开始起笔？
调研报告差不多是记叙文，至少前半部分是，
而讲话稿的前半部分，类似议论文。
记叙文是形象思维，写的大多是所**见**所**闻**，
议论文是逻辑思维，主要写所**思**所**辨**。
以逻辑思维为主的文稿，应该怎么起笔？
回忆一下，中学写议论文是怎么起笔的？
别人啥情况我不知道，我好像就是模仿！
万华第一篇议论文抄了当时报纸社论的内容。

社论 ▶

回想一下中小学写作文的入门过程，
照葫芦画瓢，可能是大多数人的做法，
既容易入手，也简便，从小到大
写单位的材料也差不多，

黄书 P5

新入职的文秘，被单位领导布置任务，
第一想到：抄上级、抄往年、抄同行！
天下文章就三抄，就看会抄不会抄。

关键大词联想造句再加名词解释法！
这几个红色字体，是这本书的最高度浓缩。

第1步：想一个关键大词

关键大词从哪里来？到报纸文件里去找！
那么多年过去了，其实方法没变：
抄上级、抄往年、抄同行！
既然是初学者，那么应该没啥积累，
手头没有现成资料，怎么办？
先盯住上级！"三抄"中抄上级最要紧。
抄哪天的报纸？抄单位的哪份文件？

大词

对于物业管理，上级有什么要求？
中央对居住物业相关的提法有哪些？
省委、省政府的呢？住建厅呢？
省里的、市里的、住建厅的，留着后面用，
万华先从根目录去找。哪里是根目录？
刚才说了，党代会、人代会的工作报告。
现在，假设你连这些常备的大报告也没有，
那就只能再瞥一眼讲话稿的题目，
从会议标题中寻找关键大词的线索：

在庆丰区加强新时代居住物业服务管理工作
推进会上的讲话提纲
庆丰区人民政府副区长 李万山
2021 年 11 月 1 日

居住物业服务管理，一共八个字，
先从中选出打头的这个词——**居住**，
与"居住"有关的大词能想到什么？

新时代

太具体、太专业的提法，先不去想，
先想最基本的，比如"**生活**""**美好生活**"，
从居住联想到生活，这不算牵强附会吧？
包含"美好生活"这个词的标语口号，
耳熟能详、特别响亮的，应该想到：

> 人民对**美好生活**的向往就是我们的奋斗目标。

你再怎么不看书不看报、不注意学习，
我相信，这句话你总是有印象的吧。
听说过上句，那么，下面这句也应该听说过：

> 人民日益增长的**美好生活**需要和不平衡不充
> 分的发展之间的矛盾。

大多数文稿，我是说不限于讲话稿哟，
每个段落的第一句话，可以称为"引导（短）语"，
引导语可长可短，有时引用名人名言，
有时是一句俗语，有时引用上级精神。

引导语

第 2 步：写一句上级精神

现在，既然想到了以上这句话，
那么，就用它作为起笔的第一句吧。
写之前，先查一下完整准确的表述：

> 党的十九大报告指出，我国社会主要矛盾已
> 经转化为人民日益增长的美好生活需要和不平衡
> 不充分的发展之间的矛盾。

第 3 步：用目标和现状造句

现在，要写第二个句子。从哪里入手写？
美好生活，怎么与居住物业搭上关系？
寻找逻辑关系，可以从名词解释开始，
人类的生活，包括衣食住行吧，
其中有个"住"字，就是居住的住，
美好生活离不开居住条件和环境的改善，
或者，反过来表述这层意思就是：

名词解释

党的十九大报告指出，我国社会主要矛盾已经转化为人民日益增长的美好生活需要和不平衡不充分的发展之间的矛盾。居住条件、居住环境，是美好生活的重要组成部分。

接下来，围绕美好生活这个关键词，
结合物业管理当前存在的问题，
用中学生议论文的写法再造个句子，
造这种句子，它的思路大致是：
目标明确了，现状距离目标存在什么差距？
顺着这个思路，续写下一个句子：

党的十九大报告指出，我国社会主要矛盾已经转化为人民日益增长的美好生活需要和不平衡不充分的发展之间的矛盾。居住条件、居住环境，是人民群众生活的最重要组成部分。但是，在我们的一些老旧小区，在美好居住条件、美好居住环境的供给方面，与人民群众日益增长的期望值还有很大差距。

 关键词

以上三个短句组成的这个小片段中，
第一句是抄文件的，原文照搬。
第二句解释了"生活"包含"居住"，
相当于一个名词解释，很容易吧。
第三句，把现状存在的不足指出来，
与中央的要求一对比，这就是问题啊！

只要中学语文成绩不至于太差，
写出以上这个小片段，应该不难吧。

房屋破败，保修缺失。
管理无序，案件频发。
垃圾遍地，环境脏乱。
绿地被占，绿化被毁。……

黄书 P18

此外，有的居民说，邻居装修砸掉了承重墙，也没人管，"住在这样的房子里，整天提心吊胆，生怕哪天房子塌了把人砸死"。

第 4 步：复制粘贴，扩写句子
既然动笔了，得到这宝贵的一小段了，

 扩写

那就如法炮制，复制粘贴，接龙呗。

请看上文的最后一句：有很大差距。

很大差距，这是抽象的概括，需要具象的描写，

具体差在哪些方面？要写具体的表现形式。

这方面情况调研报告中有，没看过黄书也没关系，

只要不是生活在超级豪宅，这些问题应该熟悉：

> 在我区的这些老旧住宅小区，居民的居住条件、居住环境，这些年来不但没有随着经济社会的发展不断改善，反而因为年久失修、常年失管，越来越差，房屋渗漏、管线老化、电动自行车杂乱停放，不但生活环境差，还存在很大安全隐患。

第 5 步：重复第 1-4 的步骤

美好生活这个关键词，写这些就差不多了，

然后，需要再找关键大词，接着造句，

到哪里找？在刚才的社会主要矛盾口号中，

还有个关键词也非常合适，拿来就用：

"不平衡不充分"的发展。

这六个字含义很深刻，万华解读过的，

包含对分蛋糕与做蛋糕关系的解读。

对于老旧小区的居民来说，

当年大多是单位分配的**系统房**，

后来实行房改，住户买下来，成为售后房，

按照当年盖房子以及分房子的标准，

都是讲究"低水平、广覆盖"的，

也就是为了让更多干部职工分到房子，

只能通过缩小套型面积来增加户数，

所以，业主的住房面积大多"不充分"。

比如，不能充分满足人均一间房的需求，

也没有满足住上不渗漏的房子的需求，
当年房子新建不久，也许是不漏的，
但是，时间久了没有维护好，就到处都漏了。

有的保障房，刚建好就漏了。

> 黄书
> P123
>
> 直管公房与（6）租赁户相
> 与直管公房对应的是系统公房，
> 比如，纺织系统、机电系统的房子，
> 也包括政府各委办局的房子。
> 房改前，各个系统都自己筹钱盖房子，
> 大一些的企业，也自己盖房子，
> 这些房子在本系统内分配（租赁），

同时，老旧小区与新建商品房小区相比，
存在很明显的软硬件方面的不平衡，
比如，房屋新旧程度、绿化面积大小、
有无停车库等，两者差距太大啦！
加强和改进老旧小区的物业服务管理，
不是说要与商品房小区完全一样，
商品房小区之间相比，也有高有低；
而是说要缩小两者差距，满足基本需求。

差距

解决住房面积增加的需求，要等拆迁，
拆迁的成本很高，需要大的投入，
只能等待时机，不能想到啥就是啥，
当前只能解决物业服务质量的不平衡。

根据以上分析，再接着往下写，
试着操练一下刚才使用过的**名词解释造句法**。
这次努把力，不能只造一个句子：

> 老旧小区的人居环境发展还非常"不充分"，
> 与近年来新建商品房小区相比，也非常"不平
> 衡"，加强居住物业服务管理，就是要让老旧小
> 区居民更多地享受改革发展成果。

以上这段造句，在讲话稿中，显得太干巴巴了，
讲话稿通常需要增加一些文字的"冗余"，
什么是文字"冗余"，本书第17章详细解释。
适当展开，可以让讲话显得从容一些：

冗余

我们应该看到，老旧小区居民的居住面积普遍低于我市、我区人均居住面积，也没有达到人均一间房的理想居住条件，居住环境也还存在不同程度的脏乱差问题，可以说，人居环境发展还非常"不充分"。同时，与近年来新建商品房小区相比，反差很大，在有的区域形成了鲜明的"二元结构"的问题。党的十九大报告把解决发展"不平衡"问题摆到更加突出的位置，对于我区老旧小区而言，就是要通过解决"不平衡"问题，缩小二元结构的鸿沟，逐步解决人居环境的"不充分"问题，让生活在老旧小区、以中低收入人群为主的这部分群众，更多地享受到改革发展成果。

以上，都是从中央层面的精神生发出来的，
照此思路，再看看省里、厅里、市里有啥新精神，
按照刚才的步骤，再挖一两个关键词。
比如，每个省、每个市都有自己的口号，
为了简化分析过程，省略省里、厅里，直接说市，

二元结构

比如，万山市中长期规划的口号是：
2035年基本建成宜居宜业新万山。
其中的宜居，当然包括物业服务管理内容，
庆丰作为万山市的中心城区，要做表率，
要在物业服务管理方面，对标对表：

我市的中长期规划纲要提出，到2035年基本建成宜居宜业的社会主义现代化新万山。而提升居住物业服务管理，就是建设宜居宜业新万山的题中应有之义。

这个句子，把市和区联系起来，写在一起，
可以是可以，会不会有点生硬？
要不要加点过渡性的"冗余"的话语：

我市的中长期规划纲要提出，到2035年基本建成宜居宜业的社会主义现代化新万山。我们庆丰区作为万山市的中心主城区之一，要为实现这个宏伟目标做出更大贡献。而提升居住物业服

题中应有之义

务管理，就是建设宜居宜业新万山，**建设宜居宜业新庆丰**的题中应有之义。

写到这里，这段内容差不多就写好了，
把以上几个片段拼起来，就成了！
怎么样？第一段写好了，不算很难吧。
如果你自己觉得篇幅不够，或者领导特重视，
领导希望再展开来详细论述一番，
那么还有很多可以写的，黄书中有线索：

标题增加新时代三个字并非做样子，
而是需要在正文中有所呼应和阐述，
比如，指导思想或基本原则部分要
人民城市人民建，人民城市为人民
引导业主"参与"、自觉维护小区家园，
就是人民城市人民建的生动体现，
增加补贴，可以归入人民城市为人民的范畴。

黄书 P40

下面这个片段，仍然需要采取名词解释写法，
就是对本次新政的各项措施进行分类，

名词解释 ▶

哪些是体现"人民城市人民建"的，
哪些又是体现"人民城市为人民"的：

一方面，提升物业费的收缴率，提升维修资金的续筹率，提升老旧小区的物业服务和管理水平，就是"人民城市人民建"的生动实践；另一方面，财政出资，加大对老旧小区居住物业服务管理工作的支持力度，就是把"人民城市为人民"落到实处。

如果你对社区自治、社区共治工作有积累，
应该知道，社区的工作不能全靠自上而下，
有时需要与自下而上相结合，效果更好，
把"政府要我做"变成"我自己要做"。

把这层意思渗透到上面的片段中去：

一方面，**要发挥社区党组织的领导作用，发挥居委会的主导作用，组织发动业主和居民广泛**

渗透 ▶

参与，通过自治共治等多种方式，提升物业费的收缴率，提升维修资金的续筹率，让大多数居民参与到提升老旧小区的物业服务管理水平的工作中来，这就是"人民城市人民建"的生动实践；另一方面，财政出资，加大对老旧小区居住物业服务管理工作的支持力度，就是把"人民城市为人民"落到实处。

够了吗？还不够的话，再从哪里找线索？
"居住物业服务管理"这八个字，
刚才只用了"居住"两个字，还有吗？
比如，"管理"能不能作为关键词被挖掘？
管理与治理相近，物业管理属于基层治理，
是城市管理中最下面的基层基础工作，
基础不牢，地动山摇。打好基础很重要。
至此，应该很容易联想起又一个口号——
实现治理体系、治理能力现代化：

能不能把老旧小区物业服务管理搞好，是检验我们治理体系、治理能力的重要方面。

 治理体系

另外，还有个更关键的关键词，即"党建"，
在全面加强党建工作的新时代，
基层党建有没有得到加强，怎么检验：

一方面，做好物业服务管理离不开党建引领；另一方面，物业服务管理工作的成效，也是检验一个地区、一个单位基层党建成效的重要方面。

"治理体系""党建"，只是各写了一句话，
需不需要再插入"冗余"的衍生内容？
如果有这方面内容，那当然可以，
如果本地区总结过有特色的做法，那就更好了，
万华觉得，十有八九肯定有这方面的内容，
党建是贯穿全时段、全过程、全方位的工作，
每个阶段都有主题活动、主题口号，
可以作为衍生内容添加进去；
治理体系、治理能力也差不多这样扩写。
篇幅关系，万华就不再扩写了。

 衍生

至此，第一段的篇幅应该差不多了，收手了吧，以上那么多小片段，现在可以"拼接"了，全都放上，显得有点"拼多多"，篇幅太长，在"总装"工序中，要根据逻辑关系微调。

综上，"上级有要求"这段大致这样写：

1. 从政治站位来看，加强居住物业服务管理是适应新时代社会主要矛盾转化的新要求。党的十九大报告指出，我国社会主要矛盾已经转化为人民日益增长的美好生活需要和不平衡不充分的发展之间的矛盾。居住条件、居住环境，是人民群众生活的最重要组成部分，但是我们的一些老旧小区，在美好居住条件、美好居住环境的供给方面，与人民群众日益提升的期望值还有很大差距。我区的这些老旧住宅小区，居民的居住条件、居住环境，这些年来不但没有随着经济社会的发展不断改善，反而因为年久失修、常年失管，越来越差，并且与近年来新建的商品房小区相比，反差很大，在有的区域形成了明显的"二元结构"。我们要在普遍基本解决发展"不充分"问题之后，

"拼多多"

把解决发展"不平衡"问题摆到更加突出的位置，让生活在老旧小区、以中低收入人群为主的这部分群众，更多地享受到改革发展成果。我市的中长期规划纲要提出，到 2035 年基本建成宜居宜业的社会主义现代化新万山，我们庆丰区作为万山市的中心主城区之一，要为实现这个宏伟目标做出更大贡献。而提升居住物业管理就是建设宜居宜业新万山、建设宜居宜业新庆丰的题中应有之义。我们要坚持以人民为中心的发展思想，贯彻落实"人民城市人民建，人民城市为人民"的重要理念。一方面，在政府主导下，加大对老旧小区居住物业管理的支持力度，把"人民城市为人民"落到实处；另一方面，发挥社区党组织的领导作用，发挥居委会的主导作用，组织和发动业主与居民广泛参与，通过自治共治等多种方式，提升老旧小区的物业服务和管理水平，就是"人民城市人民建"的生动实践。从这个角度看，能不能把老旧小区物业管理搞好，也是检验我们治理体系、治理能力的重要方面，更是检验基层党建成效的重要方面。

生动实践

以上这段，是用六个关键大词联想造句写成的：
　　（1）美好生活；（2）不平衡不充分；
　　（3）宜居宜业；（4）人民城市理念；
（5）治理体系、治理能力；（6）基层党建。

　　这些关键词的共同特点是，外延比较大，
即通常所谓"宏大叙事"，是根目录性质的，
　　这种"大词"的特点是广谱适用，百搭。
各行各业的工作，或多或少，或直接或间接，
　　都能找到相关性，都可以从这里开始写。
比如美好生活，刚才是衣食住行的住，
　　其实还可以分别是其他三方面，
　　比如食，粮食生产的稿子可以用，
　　城市副食品供应的稿子可以用，
保持 18 万亩基本农田的稿子可以用，
　　发展生态农业工作的稿子可以用，
加强食品卫生工作的稿子可以用，等等。

　　细心的读者发现了，本文引用的材料，

百搭

大部分都是万华前三本书中的内容。
真不是故意的，我也才发现这个情况，
　　一方面，说明之前的内容非常典型，
具有一定的普适价值，也值得反复琢磨；
另一方面，也有利于将之前的积累利用起来，
对于万华的铁粉网友，这属于意外福利。

【万华的网友在加班】

镜湖蓝
此刻大批同事还在辛苦巡堤，我在另一条
战线与各位遥相呼应😅

2020年7月13日 02:35 删除   **

巡堤

第 4 章
把自己摆进去更有说服力吗

上一章分析了第一大块的第一段，
现在，依次写第二、第三段。

第 6 步：**把自己摆进去才能共情**

第二第三段怎么写？还是找关键大词，
找到大词，联想造句，连句成篇，
所有的方法，都与第一段一样。
所以，你可以先合上万华的这本书，
想一想：这第二段应该怎么写？
光想也许不够，干脆提起笔来，
自己模仿上一章的方法，小试牛刀。

想得出头绪吗？万华提示一下：

第二段的大意是"群众有需求"，
这段肯定要大量引用调研中群众反映的问题，
引用 12345 市民热线材料反映的问题。
请注意！这种引用容易写成记叙文风格，
而整个第一大块都是议论文的风格。

议论文与记叙文的
最大区别是什么？

议论文的作用是"讲道理"，
所以，要在"摆事实"之后马上"讲道理"，
"摆事实"是为"讲道理"服务的，
别写着写着，写到调研报告的路子上去了。
比如，摆事实的片段，大致写成这样：

据市民热线办统计，市民的投诉电话存在"两个70%现象"，一是70%的投诉与住宅小区有关，二是事关住宅小区的投诉中，70%来自老旧住宅小区。并且，涉及老旧小区的投诉举报电话呈现逐年快速上升趋势，前年3万件，去年5万件，今年才过了半年就达到了4万件。

摆出以上事实，接下来要展开议论，怎么议论？万华想到两种议论的方法：
一是表明态度，二是提出要求。
先分析"表明态度"怎么写，
"两个70%现象"，说明情况很严重，
区委、区政府对此怎么看？态度是啥？

据市民热线办统计，市民的投诉电话存在"两个70%现象"，一是70%的投诉与住宅小区有关，二是事关住宅小区的投诉中，70%来自老旧住宅小区。并且，涉及老旧小区的投诉举报

 态度

电话呈现逐年快速上升趋势，前年3万件，去年5万件，今年才过了半年就达到了4万件。说明情况越来越严重，群众的呼声很高，怨言很大！已经到了问题非立即着手解决不可的严峻程度！区委、区政府这次下了很大决心，要切实扭转这一被动局面。

区里的态度有了，接下来写什么？
区里提出要切实扭转被动局面，谁去扭转？
所以，"提出要求"就是"布置工作"，
谁去做？按照什么依据去做？

各街镇、区各部门要增强紧迫感，按照区政府今天下发的文件以及区房管局的实施细则和工作方案，尽快组织实施，抓紧补齐短板弱项，尽快扭转被动局面。

区长讲的"群众有需求"，可能与局长讲的重叠，
并非完全不能重叠，角度换一下就可以，

 扭转

或者把群众呼声中最重要的内容重申一下，
表明区委、区政府的态度，也是为局长打气撑腰：

> 刚才房管局娄建国同志讲到了，老旧小区投诉最集中的问题包括：房屋失修、管线等设施设备老化、小区环境脏乱差、乱停小汽车、**外立面墙面砖脱落、电动自行车停放楼道并且"飞线"充电、装修砸承重墙问题屡禁不止等**。

如果是一般写写，以上就够了，
如果想要有说服力、感染力，
那还不够，还要把自己摆进去，
这是本章的重点，核心观点。

副区长即便童年和青少年时代住得很挤，
现在肯定已经不住在老旧小区了，
也许他的父母或亲戚还在老旧小区？
也许他春节慰问去过老旧小区？
也许接到副市长批示后，为了核实情况，

撑腰

他亲自到老旧小区实地调研走访过？
总之，副区长不能把自己择得干干净净，
高屋建瓴是要的，但不能高高在上，
要把他对老旧小区的感受写进去，
必要时，要表达对自己之前工作不到位、
让问题久拖不决而内疚的真情实感。
这样的讲话稿才能共情、才有说服力：

> 最近，我和娄建国同志一同走访了一些老旧小区，也到几户业主家里看了情况，确实是像市民热线办的材料所反映的那样，有些小区的环境卫生问题、有的房屋渗漏问题，比材料中写的还要严重！说实在的，我的心情是非常沉重也非常复杂的，我心里既有对这部分居民居住条件和环境如此简陋的同情心、同理心，以及作为分管区领导没有把工作做好、没有把工作做得更早一点的内疚和羞愧，**也有对房屋结构安全和火灾等隐患的担忧**。

担忧

注意上面这个段落中的红色字体，
这句话是全文最坦诚的！为什么这么说？
所有的工作当中，什么最重要？
安全最重要！人命关天啊！
摆在台面上说，这是宗旨意识的体现，
往心里的小九九说，也是第一位的，
出了安全事故，领导乌纱帽不保。

好了，写到这里，这段也差不多了，
把以上片段组合一下，大功告成：

2. 从群众呼声来看，加强居住物业服务管理切实改善群众居住环境，是积极应对老百姓诉求的必然要求。
据市民热线办统计，市民的投诉电话存在"两个70%现象"，一是70%的投诉与住宅小区有关，二是事关住宅小区的投诉中，70%来自老旧住宅小区。并且，涉及老旧小区的投诉举报电话呈现逐年快速上升趋势，前年3万件，去年5万件，今年才过了半年就达到了4万件。这说明情况越

来越严重，群众的呼声很高，怨言很大！已经到了非立即着手解决问题不可的严峻程度！刚才房管局娄建国同志讲到了，老旧小区投诉最集中的问题包括：房屋失修、管线等设施设备老化、小区环境脏乱差、乱停小汽车、电动自行车停放楼道并且"飞线"充电、装修砸承重墙问题屡禁不止等。最近，我和娄建国同志一同走访了一些老旧小区，也到几户业主家里看了情况，确实是像市民热线办的材料所反映的那样，有些小区的环境卫生问题、有的房屋渗漏问题，比材料中写的还要严重！说实在的，我的心情是非常沉重也非常复杂的，我心里既有对这部分居民居住条件和环境如此简陋的同情心、同理心，以及作为分管区领导没有把工作做好、没有把工作做得更早一点的内疚和羞愧，也有对房屋结构安全和火灾等隐患的担忧。区委、区政府这次下了很大决心，要切实抓好这项工作，在座的各位，尤其是党员领导干部，要加深对这项工作的必要性、紧迫性的认识，在这一点上，我与大家共勉。各街镇、

台面上

飞线

区各部门要增强紧迫感，按照区政府今天下发的文件以及区房管局的实施细则和工作方案，尽快组织实施，抓紧补齐短板弱项，尽快扭转被动局面。

把自己摆进去，这里的自己，是领导，
作为文秘，要把握好摆进去的度，
不能一厢情愿地、不分场合地，
只要遇到问题，就把自己摆进去；
要根据领导对该项工作实际的职责，
以及领导一贯的讲话风格作判断。
文秘写个轮廓、点到为止就行了，
领导想把自己摆进去多少，可以临场发挥。

🔊 | 一厢情愿 ↖ | 😃 ＋

【万华的网友在加班】

🔊 | 良夜 ↖ | 😃 ＋

第 5 章
怎么抓取现成的论据

第三章讲解"上级有要求"怎么写得有依据，
第四章分析"群众有需求"怎么写出真情实感，
本章在分析怎么写"当地有条件"的同时，
顺便介绍怎么把那些广谱适用的论据为我所用。

第 7 步：搜索周边素材为我所用

前面两段，都在阐述"应该做""必须做"，
其实，这都没有触及实质问题，
"需要"做，这个道理大家都懂，
问题是：有没有做这个事的"可能性"？

要做事，首先得有钱，真金白银，
政府做事，必须有足够的财力。
凡是"单位人"都知道这么个道理，
如果预算没安排，啥也干不了！

 预算

所以，这段可以从"算账"开始写，
部门的素材中肯定会提供"一本账"，
所以，不用动脑筋先摘抄下来：

> 据区房管局与区财政局测算：一次性的硬件修缮方面的投入，今明两年大概需要 ×× 亿元。对物业公司增加补贴水平，作为一项制度化安排，从今年起，每年大概需要投入 ×× 万元。

光有资金预算这本账，太干巴巴了，
要适当务虚，进行句子的扩写，
怎么扩？想一想：现在为什么能做，
而之前老旧小区为什么留下那么多欠账？
肯定是区财政这些年发生了变化：

> 近年来，我们庆丰区经济和社会发展取得显著成效，人民群众对美好生活、品质生活的需求，促使我们必须更加重视和解决好这些问题；而且，财政收入水平已经到了有条件比较好地解决老旧

 品质生活

小区与新建商品房小区"二元结构"问题的阶段。
据区房管局与区财政局测算：一次性硬件修缮方面的投入，今明两年大概需要投入××亿元。
对物业公司增加补贴水平，作为一项制度化安排，从今年起，每年大概需要投入××万元。

写到"我区"，这就够了吗？远远不够！
万华从小学到中学写作文有个套路，
不管写啥，都把"小家"与"大家"连着写：
我家这些年的变化，与我们这个城市、
与我们省、与我们国家一样……
那真是，芝麻开花——节节高啊！

改革开放四十多年来，我国经济总量已经跻身世界第二位，脱贫攻坚取得预期胜利，东西部差距、城乡差距逐步缩小。我们所生活的万山市尤其是我们庆丰区，四十多年来发生了翻天覆地的变化。我区经济和社会发展取得显著成效，人民群众对美好生活、品质生活的需求，促使我们必须更加重视和解决好这些问题；而且，财政收入水平已经到了有条件比较好地解决老旧小区与新建商品房小区"二元结构"问题的阶段。

好了，账本"前缀"的扩写就这样了，
然后考虑在账本的后面，能不能加"后缀"。
前文咱们分析过，讲话稿是议论文，
既要"摆事实"，更要"讲道理"，
账本作为事实摆出来了，怎么讲道理？

比如说，物业补贴的额度，多乎哉？
占财政支出比例、占民生支出比例高不高？
补贴的钱多不多，永远是个相对的概念，

不该花的，再少也不花；该花的再多也得花。
无非是个排序问题，只要重视了就会有钱，
少建一两幢楼堂馆所，或少修一条路，
提升老旧小区的钱不就省出来了？

　　据区房管局与区财政局测算：一次性硬件修缮方面的投入，今明两年大概需要投入××亿元。对物业公司增加补贴水平，作为一项制度化安排，从今年起，每年大概需要投入××万元。这些投入占我们区财政年度总支出××%，占年度民生支出××%。之前有同志担心：区财政有没有这个承受能力？其实，这是个伪命题，财政能不能安排，取决于你把这项工作摆在什么位置，其本质就是按重要程度排序的问题，你只要把它提到足够的优先级，财力就不是问题！而且，加大民生方面短平快的投入，可以马上见到效果，全都是老百姓直接受益，何乐不为？

这个片段写那么高调、写那么热闹，

🔊 优先级 ▶ 😊 ➕

到底是副区长个人的想法，
还是整个区领导班子的共识？
万华相信，这是领导班子的共识。

　　……财政能不能安排，取决于你把这项工作摆在什么位置，其本质就是按重要程度排序的问题，你只要把它提到足够的优先级，财力就不是问题！而且，加大民生方面短平快的投入，可以马上见到效果，全都是老百姓直接受益，何乐不为？因此，在区政府常务会议和区委常委会会议讨论审议这项议题的时候，区政府班子、区委班子成员，大家的意见出奇一致！这也表明，区委、区政府对做好这项工作决心很坚定、信心很充足。

这段的核心，是写财力水平具有可行性，
写到这里，这段也差不多可以了。
但是，作为讲话稿，能全面就要尽量全面，
能想到的、能为我所用的素材，多多益善，

🔊 共识 ▶ 😊 ➕

不仅要考虑真金白银的硬投入，
还要"凑"几点周边的，比如，软件方面，
任何时候别忘了两点论，辩证法嘛。
说到软实力，那就有许多现成的素材，
这些素材写进任何稿子都站得住脚。

······这也表明，区委、区政府对做好这项工作决心很坚定、信心很充足。以上说的是做好这项工作的硬实力，其实，我们还有许多软实力方面的有利条件。市委、市政府"1+6"文件颁布两年来，我区的居民区党组织建设得到全面加强，凝聚力、战斗力明显增强，居委会减负增能，业委会按时组建换届率、正常运转率普遍提高；居民区社工薪酬体系健全了，收入的提升极大地激发了工作热情，基层干部队伍年轻化和知识层次明显提高；物业服务市场逐步发育，市场化定价机制以及智慧化技术手段应用有了极大提高。这一切都为我区加强居住物业服务管理打下了坚实基础，我们完全有信心、有决心、有能力把这项工作做好。

减负增能

好了，能想到的都差不多了，篇幅也够了，
下面把几个片段组合起来，通读一遍：

3. 从财力条件和工作基础来看，加强居住物业服务管理工作当前具有充分的现实可行性。改革开放四十多年来，我国经济总量已经跻身世界第二位，脱贫攻坚取得预期胜利，东西部差距、城乡差距逐步缩小。我们所生活的万山市尤其是我们庆丰区，四十多年来发生了翻天覆地的变化。我区经济和社会发展取得显著成效，人民群众对美好生活、品质生活的需求，促使我们必须更加重视和解决好老旧小区居住物业服务管理问题；而且，财政收入水平已经到了有条件比较好地解决老旧小区与新建商品房小区"二元结构"问题的阶段。据区房管局与区财政局测算：一次性的硬件修缮方面的投入，今明两年大概需要投入××亿元。对物业公司增加补贴水平，作为一项制度化安排，从今年起，每年大概需要投入××万元。这些投入占我们区财政年度总支出的××%，占年度

制度化安排

民生支出 ××%。之前有同志担心：区财政有没有这个承受能力？其实，这是个伪命题，财政能不能安排，取决于你把这项工作摆在什么位置，其本质就是按重要程度排序的问题，你只要把它提到足够的优先级，财力就不是问题！而且，加大民生方面短平快的投入，可以马上见到效果，都是老百姓直接受益，何乐不为？因此，在区政府常务会议和区委常委会会议讨论审议这项议题的时候，区政府班子、区委班子成员意见出奇一致！这也表明区委、区政府对做好这项工作决心很坚定、信心很充足。以上说的是做好这项工作的硬实力，其实，我们还有许多软实力方面的有利条件。市委、市政府"1+6"文件颁布两年来，我区的居民区党组织建设得到全面加强，凝聚力、战斗力明显增强，居委会减负增能，业委会按时组建换届率、正常运转率普遍提高；居民区社工薪酬体系健全了，收入的提升极大地激发了工作热情，基层干部队伍年轻化和知识层次明显提高；物业服务市场逐步发育，市场化定价

机制以及智慧化技术手段应用有了极大提高。这一切都为我区加强居住物业服务管理打下了坚实基础，我们完全有信心、有决心、有能力把这项工作做好。

第一大块的三段都写好了，细心的读者可能发现，
相似的话语，在万华的前三本书里都有，
这也意味着，你跟随某个领导写材料时间长了，
其实也就那点事，绕来绕去就那点事，
可以转着圈子写，从不同角度写，
只要每个阶段都增加一点"紧跟"的内容，
应对什么场合的讲话稿都不在话下。

第 8 步：用逻辑关联法写好帽段

最后，该给这三段文字安装一个"帽段"，
再给整个第一大块起个合适的标题。
之前，我们分析了几款一级标题的写法，
万华觉得"基本款"标题比较合适，

上级的要求，群众的需求，就是使命！

一、加强新时代居住物业服务管理工作，根本目的是满足人民对美好生活的向往

这次区委、区政府下决心实施新一轮加强居住物业服务管理工作，不能简单看成是房管领域常规业务工作的延续，而是要提高到契合新时代满足人民对美好生活向往的新要求上来，要在工作的政治站位、工作的理念上有新的认识、新的提升。

1. 从政治站位来看，加强居住物业服务管理是适应新时代社会主要矛盾转化的新要求。（见上文）

2. 从群众呼声来看，加强居住物业服务管理切实改善群众居住环境，是积极回应老百姓诉求的必然要求。（见上文）

3. 从财力条件和工作基础来看，加强居住物业服务管理工作当前具有充分的现实可行性。（见上文）

万华先谈谈对帽段作用的想法，

常规

首先，它不是可有可无的摆设，
虽然看着像脖子上的围巾，
起到穿搭装饰作用，
但是万华提倡要写实质性的内容。
其次，它是整个块面内容的点睛之笔，
万华提倡，不要只是简单重复三个小标题，
而要源于小标题、高于小标题，
要有点新的归纳，或者是新的提法。

这个"帽段"是怎么写出来的？
整个第一大块都是谈"怎么看"，
帽段，可以是一级与二级标题的过渡，
万华的写法就是，上下各取一点，
然后，再加一两句新的定性的归纳。

帽段中的红色字体，来自大标题，
蓝色字体来自小标题。然后，
黑色字体部分就是新的归纳和提法：
一是不能看成常规工作的延续。
这个提法，只在帽段出现一次，

摆设

下面的三段论述，虽然没有直接呼应，
但实际上已经包含了这层意思。

二是工作理念上要有新的提升。
整个第一大块都是谈"怎么看"的，
都可以理解成要求基层干部提升理念。

本章的结尾，讨论一个小问题，
全文的关键词：居住物业服务管理。

可以有三种表达：一是物业管理，
在某种习惯语境下，管理也可以包含服务，
或者说，在口语中习惯叫物业管理。
二是物业服务管理。三是物业管理服务。

民生的文件，直接面向老百姓的，
管理是手段，服务是目的，
通过加强管理来达到提升服务的目的，
所以，万华倾向写物业服务管理。

服务

这个关键词的前面要不要加个限制词，
写成"老旧小区物业服务管理"？不用！
因为新建商品房小区有的也有毛病，
也存在不平衡、不充分的问题，
甚至有人说，无论多么高档的小区，
业主总是对物业服务有意见，
物业费高的小区，业主的期望值也高，
所以，各类小区都需要完善服务和管理。

并且，商品房小区治理体系也存在问题，
不管什么收入、学历的人群，理性协商都不习惯，
少数人把持业委会，存在小团体利益，
有的居委会说不上话、插不上手。

所以，区委、区政府的这个文件，
虽然主要是解决老旧小区的问题，
但也可以兼顾解决其他各类小区的问题，
对于新建商品房小区，可能未必补贴，

习惯

但是物业服务管理的问题、业委会的问题，
也同样需要进行治理体系、治理能力的提升，
所以，文件的适用范围大一点，更好。

【万华的网友在加班】

第 6 章
区长与局长的讲话怎么切分

前面几章分析讲话稿的第一块"怎么看"，
本章分析怎么写第二块"怎么办"。

如果会议的主要议程只有两项，
一项是局长介绍新政内容、**布置**任务，
另一项是副区长讲话，动员**部署**。
布置与部署，这两个词在这里遭遇了，
那就多一句嘴，讲讲它们的区别。

通常，万华在写会议信息稿的时候，
相对官大的写成部署，官小的写布置，
所以局长的这项议程叫"布置工作"，
而把副区长的相关议程叫"部署要求"。

布置这个词，显得比较具体，有操作性，

差不多是对文件主要内容的解读，
以及对工作步骤、注意事项的安排叮嘱。
而部署这个词，好像显得高大上一点，
部署经常与提要求联系在一起，
也包含动员的意思，动员就要讲道理。

万华分析的这类词义的微妙差异，
也可能是某一地区单位的约定俗成而已，
你从网上查的答案可能不一样，
但请你别和我较真，抠字眼没劲！

副区长讲话的第一块，主要是务虚，
所以，基本不会与局长的重叠，
可能有交叉的，大概是第二块。
局长在副区长之前，介绍了新政内容，
也就是会上要下发的文件中的"干货"，
比如，一是介绍对物业公司补贴标准，
具体区分几个档次，各档次分别补多少钱；
二是加强对物业公司的监督考核，

考哪些内容，由谁打分，权重怎么算，等等；
三是怎么组织清理物业费欠缴的安排；
四是鼓励探索续筹维修基金的试点政策；
五是硬件建设安排了哪些项目，比如，
修补渗漏、更新管线、粉刷外立面等。

第9步：用方法论写"怎么办"

具体政策和措施，局长已经讲过了，
那么副区长讲什么呢？怎么避免重复？
行话叫：脱开一步，站高一步。
所谓脱开一步，就是摆脱就事论事，
所以，副区长讲话稿的第二大块，
仍然延续第一大块的风格，偏议论文风格。

既然发议论，那必然有一定理论色彩，
理论，是从具体事实中抽离出来的，
也天然地比具体事务显得高屋建瓴，
你就不知不觉地"站高一步"了。

局长侧重具体内容，副区长侧重方针方法，
局长侧重项目和资金，副区长侧重工作头绪和秩序，
局长侧重任务和目标，副区长侧重路径和效果，
局长基本务实，副区长虚实结合。

根据以上分析，万华联想到几个词组：
比如，问题导向、需求导向、效果导向，
又比如，转变作风，提高执行力，
挂图作战，挂牌督战，销项管理，
还有万金油式的、兜底的属地管理。

提到属地管理，这里再补充一点，
这个内容，局长可能不方便讲，得由区长讲，
因为局长自己是**条**（部门）；而属地管理，
是要把责任落实给作为**块**的街镇，
还可能涉及与房管局并肩的其他一些**条**，
一方面，局长不能把工作推给别人；
另一方面，对并肩的妯娌提要求也不妥，

尽管文件赋予了房管局相应的职权，
但最好还是由副区长讲更合适。

一根筋、直肠子、喜欢写实的万华，
对于接下来的内容，非常不愿意分析！
万华一直固执地认为，接下来要写的大都是废话，
就像安全生产工作，不管现实存在什么问题，
反正我还是那套说词，放之四海而皆准，
每次会议都强调一遍，减轻自己责任。

二十多年前，我在某央企的地方分公司写材料，
每次写安全生产，采取三个一点勾兑法：
一是上级的最新精神抄一点；
二是结合这次项目实际写一点；
三是从既往的讲话稿里抄一点。
前两个"一点"很好理解，比如上级精神，
即便这次上级没有新精神，那么，新提法有没？
精神可能是原来的，但提法是新的也行。
结合这次具体项目的话语，一定要有，

🔊 一根筋 ▸ 😊 ➕

不同行业、项目，有不同的安全生产特点，
根据项目特点，提点与之相关的要求。

抄既往讲话稿要注意！要经得住"查重"，
不要只盯着一篇抄，要"花"着抄，
去年、前年、大前年，新老搭配着抄，
上次、上上次、上上上次，各来一点。
关于这部分内容，我无法提供写作步骤了，
实在要说，我稍后会提供几条思路，
还是先把现成的结果给你贴上来：

　　1. **坚持问题导向、需求导向、效果导向，区分轻重缓急，明确目标任务。** 各街镇、各部门在推进加强住宅小区物业服务管理过程中，要始终聚焦群众反映强烈的突出问题，集中精力抓好整改，要始终坚持解决群众最关心、最直接、最现实的"急难愁盼"实际问题，快速回应群众呼声。要对照 12345 市民热线提供的材料，加强系统梳理，认真研究分析，要将目前尚未解决的 4 万多件问

🔊 急难愁盼 ▸ 😊 ➕

题，逐一甄别，区分轻重缓急，分别建立"问题清单""需求清单""责任清单""任务清单"，实行挂图上墙、挂牌督战、销项管理，确保治理工作符合本地区实际，符合群众的需求，达到预期的效果。对于投诉较多、矛盾较大的小区，所在街镇要针对重点投诉事项，精准施策，采取街镇负责人包案、引入第三方社会组织调处等形式，加快推动相关小区的顽疾治理。

你问我：这段文字是怎么写出来的？
你还可能问得很具体：实的部分怎么写的？
虚的部分又是怎么想出来的？
我只能回答，一是积累，二是虚实结合。
先说实的，当然来自这次调研所得，
比如，4万多件投诉，这是素材中有的，
并且，你如果服务分管建设的区领导，
那也一定听过领导在之前的会上多次提到，
你的会议笔记、之前写的讲话稿上一定会有，
所以，这是可供你写的、实在的内容。

清单

务虚的部分，万华老实说吧，
就是写多了看多了，从笔端自然流出来的。
比如挂图上墙、挂牌督战、销项管理，
凡是有时间节点的工作，都可以搬出来用。
而且，基层真按照这样做了，肯定会有效果，
这是经过多年实践证明行之有效的。

当然，你如果了解更多的真实情况，
万华强烈建议你按照真实情况写，
这是文字工作人员起码的职业道德。
如果你实在不能掌握更真实的第一手内容，
那还有一条，安全工作可以再强调一下，
安全工作的重要性我不再重复了，
任何时候任何工作，强调安全总没错。

局长的讲话稿里，各种措施都点到了，
所以，区长的讲话稿不必面面俱到，
可以突出一两个重点，讲深、讲透。
区领导的站位更高，就体现在抓重点，

销项

涉及群众生命财产安全，就是重点之一！

在第一大块"怎么看"的第二段，
副区长讲了三个安全问题，
分别是：房屋外立面墙面砖脱落，
电动自行车停放楼道、"飞线"充电，
装修砸承重墙问题屡禁不止。

这三个问题中，前两个出事的话，
伤亡可能是一两个人，或一户人家，
而敲承重墙出问题，可能是整个一幢楼，
塌房事故伤亡多人的社会新闻，
近年来出过好几次了吧。

所以，这段的后面可以续写一段：

1. 坚持问题导向、需求导向、效果导向，区分轻重缓急，明确目标任务。各街镇、各部门……要……加快推动相关小区的顽疾治理。对于反映强烈、

可能危及群众生命财产安全的"敲墙党"顽症，要敢于碰硬、敢于攻坚，拿出治本之策。对于正在进行中的敲承重墙行为，要及时、坚决制止！该恢复原样的要恢复原样，该在房产证上添加"注记"的要添加"注记"。凭现在的信息化管理手段，做到这一点并不难，关键是认真执法，做到有法必依、执法必严。要让这种带有瑕疵的房屋不能出租、不能上市交易。要探索行政执法与刑事司法的衔接，对于正在实施中的敲承重墙行为，物业好言相劝不听的，行政处罚要及时跟上，行政处罚威慑力不够、当事人仍然一意孤行的，公安要及时介入。凡是对他人的生命财产造成危害的行为，必须保持高压严打态势。

好了，"怎么办"的第一段就写好了，
后面两段不分析了，不想分析了！
类似的范文网上很容易查到，
写作角度、写作方法大同小异。
下面是第二大块的小帽段、小标题：

"飞线" ▶ 😊 ➕

注记 ▶

二、把握正确的方针方法，切实提升新时代居住物业服务管理工作的精准度与实效性

加强新时代居住物业服务管理工作，是一项复杂的系统工程，必须把握正确的工作方针、工作方法和工作路径，把握工作的精细度、精准度，才能实现事半功倍的效果。重点要把握好以下几个方面：

1. 坚持问题导向、需求导向、效果导向，区分轻重缓急，明确目标任务。（见上文）

2. 切实贯彻属地管理原则，形成条块结合的强大工作合力。（略）

3. 切实转变作风，狠抓制度和措施落实落小落细。（略）

落小落细

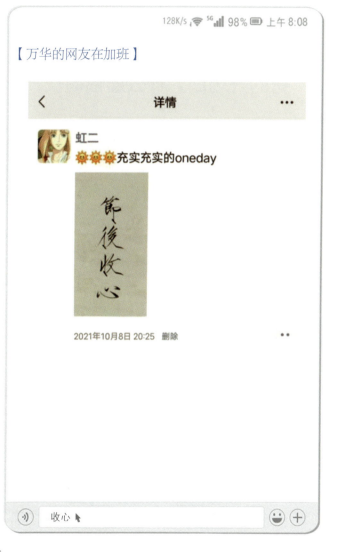

收心

· 65 ·

第 7 章
有的开场白为什么篇幅很长

关于讲话稿，万华年轻时有几个疑问，
比如，会议的最后，讲话者总是慢条斯理，
而在他之前的讲话者，总显得拘束，
常常是照本宣科，念得很呆板。

会议的最后，讲话者往往有种习惯，
就是在讲了五分钟甚至十五分钟之后，
才说：下面我讲两点意见。

唉？我说领导啊，你是现在才开始讲的吗？
那么，你之前已经讲了十五分钟算啥？
之前的开场白，也太长了吧？
为什么最后的领导讲话一定要有开场白？
那么长的开场白都讲些什么呢？
写讲话稿的人需要怎么写开场白呢？
哪些内容是开场白必须有的？

 开场白

哪些是根据具体情况增减的内容?

第 10 步：写讲话稿的开场白

分析篇幅特别长的开场白之前，
先分析常见的、中规中矩的开场白。

**在庆丰区加强新时代居住物业服务管理工作
推进会上的讲话提纲**

庆丰区人民政府副区长 李万山

2021 年 11 月 1 日

同志们：

　　根据区委、区政府工作安排，今天我们在
这里召开加强新时代居住物业服务管理工作推进
会，主要任务是认真查找工作不足、部署下一阶
段工作任务，以老旧小区补短板、强弱项为重点，
全面推动我区居住物业服务管理迈上新台阶。刚
才，娄建国同志对这次颁布的加强居住物业服务

 补短板

管理若干意见的政策文件进行了解读，对有关工作进行了比较详尽的布置，我都赞同，请各单位认真抓好落实。下面，我谈两点意见。

这是个比较常见的开场白，
这段文字讲了以下几层意思：
一是事由。为什么开会？依据是什么？
这一点，与大多数公文一样，
在单位写材料，第一个问题就是：
为什么要写这个材料？谁让写的？

加强物业服务管理工作推进会，
涉及千家万户，影响面广，政策性强，
虽然出席会议的最高领导只是副区长，
但并非因为他正好有空就让他开的，
而是经过了区委、区政府的慎重决策程序。
也就是说，这个会是区委、区政府决定要开的，
副区长今天讲话，是代表区委、区政府的。

 事由

二是会议主题。开这个会解决什么问题：
针对居住物业服务管理工作，
找不足、补短板、强弱项、上台阶。

三是评价之前的程序。在他讲话之前，
这次会议只有一个程序，就是局长布置工作。
副区长对局长刚才讲话表示"我都赞同"，
并且还要求"请大家认真抓好落实"。
像这种会，局长的讲话提纲有时也要上会讨论，
局长也是受区委、区政府委托解读文件，
并不是自说自话，也不能信马由缰。

"标准会议"讲话稿开场白的结构：
事由 + 主题 + 评价之前的议程
通常，这种会也不会完全都是整改，
这样太暗淡了，显得之前的工作一团糟，
一个地方的工作，只要找，总能找到亮点，
一个区有几十或几百个小区，总有好的，
即便是老旧小区，矬子里也能拔出将军，

 亮点

既要看到存在的问题，也要看到主流是好的，所以，一般会找几家单位介绍经验、交流**发言**。

讲话与发言有区别吗？

可以安排几个单位在局长之前交流**发言**，再安排几个单位在局长之后表态**发言**。

发言指汇报、讨论、交流；讲话是部署、动员、提要求。

局长解读了新政，提出了工作要求，作为即将承担改进提升任务的那些单位，要不要表个态度？表达奋发努力的决心？一方面，为会议营造有呼有应的热烈氛围；

表态

另一方面，也是对有关单位的鞭策，之前工作那么差，接下来要上紧发条哟！

你就干脆直说吧：讲话的是领导，发言的是小萝卜头。

这样一来，开场白的篇幅可能长一些：

同志们：

　　根据区委、区政府工作安排……刚才，娄建国同志对这次颁布的加强居住物业服务管理若干意见的政策文件进行了解读，对有关工作进行了比较详尽的布置，我都赞同，请各单位认真抓好落实。江州街道办事处、金山镇政府作了很好的交流发言，希望大家互相学习借鉴，共同进步提升。区房屋修缮中心、区排水事务所、区物业管理协会作了表态发言，从你们的发言中，我听到

推板

了决心、听到了信心，听到区委、区政府的精神在几上几下的政策酝酿过程中已经部分地传达到了基层单位，这就为我们做好接下来的工作打下了很好的基础。下面，我谈两点意见。

以上是对交流、表态发言的礼节性点评，礼节性点评的缺点是，走过场、不走心。
如果发言真的非常精彩，触动了副区长，那么，他可能发表篇幅较长的个性化点评，引申出一段话，进一步阐述、发挥；或者对某个单位，比如区房屋修缮中心，对他们既往的工作十分不满意，气不打一处来，要杀鸡儆猴、隔山打牛，那么，可以借点评的时候严厉批评。

副区长的点评，表扬也好，批评也罢，都可以写在讲话稿的两个地方，一是放在正文中，二是放在开场白。假设，副区长开场白插入了这样的内容：

隔山打牛

同志们：

根据区委、区政府工作安排……刚才，娄建国同志……我都赞同，请各单位认真抓好落实。江州街道办事处、金山镇政府作了很好的交流发言，希望大家互相学习借鉴，共同进步提升，尤其是刚才江州街道介绍了他们联合公安分局和辖区派出所、城管队，多方形成合力，从打击"敲墙党"入手，从根本上治理敲承重墙顽症的经验，我觉得值得借鉴推广。大家都知道，一个时期以来，我们区当然也包括本市其他兄弟区，活跃着一帮专门敲承重墙的所谓专业施工队，他们给物业公司一点蝇头小利，便于掌握小区哪个家庭正在准备装修，然后上门对业主、对装修队"打招呼"，这个打招呼是带引号的啊！实际上就是威逼利诱，要求敲承重墙的活必须承包给他们干，实际上是垄断了装修中的敲承重墙这个环节，而且价格由他们说了算，否则就找一帮人来打架，这是典型的欺行霸市！这种行为明显带有黑社会

欺行霸市

性质！老百姓对此敢怒不敢言，正规装修队抱着多一事不如少一事的态度，一些物业公司的员工也丧失原则性，做了里应外合的帮凶。江州街道敢于碰硬，值得充分肯定，我建议区府办可以向市政府报送经验材料，也请区房管局组织媒体大力开展宣传报道。之前我看到市报刊登过，但我觉得一家媒体声势还不够，现在是融媒体时代，市报、省报、广播电台电视台、微信公众号、抖音都要上，要大力弘扬正气，打击歪风邪气。在肯定江州街道做法的同时，我想问的是：主管部门了解这个情况吗？区物业管理协会了解这个情况吗？向上级反映过吗？你们刚才的表态发言，我听了非常振奋，也深受鼓舞，希望接下来的工作要像你们的表态发言一样，有决心、有信心、工作有力度。衡量你们工作有没有力度的标准，我看首先就看你是不是敢于碰硬，是不是敢于配合公安部门、配合街道镇，共同打击"敲墙党"。当然，我相信你们会以本次新政的实施、以本次会议的召开为新的起点，拿出新的姿态、新的精神状态，

投入这项工作并取得预期成效。以上，我是有感而发，也是区委、区政府这次下决心要整治的顽症之一。根据会议安排，下面，我谈两点意见。

绕来绕去，副区长又强调安全，
之前局长讲过安全了，副区长有点啰唆吗？
安全工作，完全不用担心啰唆，
重要的事可以说三遍，必须说三遍！

这个开场白现在够长吗？还不够的话，
再看看哪里还可以插入什么内容。
按照之前几个章节的套路，凡是扩写，
既可以加后缀，也可以加前缀。
这个会议的讲话稿可以加什么前缀呢？

介绍会议背景，或者会前有些花絮：

同志们：

　　根据区委、区政府工作安排，今天我们在这里召开加强新时代居住物业服务管理工作推进会，主要任务是认真查找工作不足、部署下一阶段工作任务，以老旧小区补短板、强弱项为重点，全面推动我区居住物业服务管理迈上新台阶。我相信，我们房管战线的同志最近一段时间压力都比较大，因为我们区的老旧小区物业管理问题被媒体曝光了，上了省电视台的热线追踪节目，在网上形成不大不小的一拨舆情。我和在座的各位一样，心情很沉重。事实上，市领导在12345市民热线工单上作出批示之前，有一次我在市里开会，娄建国同志和我一道参加，张副市长在大会上点名批评了我区的物业管理工作。会议结束的时候，张副市长又当着大家的面，点名让我和建国同志留下来，对我们下一步的整改工作提出了明确要求。我回来后，先后在区长召开的专题会

上、在区政府常务会议上、在区委常委会会议上作了自我批评。这段时间，我相信我与房管战线的同志一样，顶着压力，但并不气馁！我们的心里憋着一股劲，并把压力转化为动力，努力要在工作上打个翻身仗。我和建国同志以及房管局的大多数同志，还有街镇的许多同志一道，认真梳理问题，研究政策，形成一整套工作方案，先后经过区政府常务会议、区委常委会会议审议，最终把方案变成了今天颁布的文件。刚才，建国同志对文件进行了解读……请各单位认真抓好落实。江州街道办事处、金山镇政府作了很好的交流发言，希望大家互相学习借鉴，共同进步提升。区房屋修缮中心、区排水事务所、区物业管理协会作了表态发言……下面，我讲两点意见。

综上，比较长的开场白，可能包含两大类内容：
　　一是介绍工作背景。像上文这样的介绍，
　　　简直有点像讲话稿结尾的"喊口号"，
　　太有激情了，太有感染力了，太煽情了！

舆情

气馁

生动的会议或者说生动的领导讲话，
不必等到会议的结尾才"喊口号"，
可以"开局即高潮"，立即躁动氛围。

当然，这里还要注意一下分寸的把握，
万华总体上提倡讲话稿要把领导摆进去，
领导不能置身事外，不能高高在上，
不能成绩都是自己的，错误都是基层的，
尤其是，如果副区长分管这项工作多年，
这个领域出了问题，他当然有责任，
不能将自己完全置身事外。

但是，摆进去到什么程度，这取决于领导，
有的领导可能觉得"代入"太深不合适，
煽情是煽情了，但不利于维护威信，
这个度需要执笔者与领导磨合，
或者可以留白，让领导自己发挥，
本来就是讲话"提纲"，不是"逐字稿"。

二是对之前的会议议程进行评价。
作为会议最后一项议程的讲话者，
对之前议程进行评价，是理所当然的，
否则，各说各话、各唱各戏，
显得像排练过的"走过场"的样子，
那么，这个会议召开的必要性就存疑。
所以，对之前的议程进行评价，
既是必备内容，也可以增进互动。

之前的议程包括局长讲话、交流发言，
如果会议另外安排了主持人，
比如，区府办副主任或分管副局长，
主持人也许对每个议程都点评过了，
但如果只是程式化的点评，并不到位，
没讲到精髓，甚至连要点也没抓到，
那么领导就不得不追加点评，借力打力。

领导常说，刚才的交流发言对他启发很大，
有时是客套、是鼓励，有时真的有启发，

不吐不快，不说可能过一会儿就忘了。

大部分领导会当场写下自己的启发，

或在开场白讲，或插入正文中的适当位置，

放在"怎么看"或"怎么办"的板块讲。

再比如，有的小区物业费提价成功了，

而大部分小区物业费不但多年维持不变，

就连维持了多年的、很低的物业费都收不齐！

领导听到这样的正面典型会有什么想法？

除了充分肯定这个小区做得好以外，

领导根据他的个人经验，也许联想到很多，

比如，做得好的小区，一般有那么一两个能人，

是那种为人比较正直、真正热心公益的人，

他的作用是打破僵局，唤醒沉默的大多数。

由此，可能启发领导联想到需要加强自治，

像物业费涨价这种谁都不情愿的事，

既需要"明示"，也需要有心理暗示。

是不是可以发布区域的物业费价格指数？

庆丰区单独发布，效果可能不好，孤掌难鸣，

能不能建议市房管局布置各区同步发布？

房管局作为政府部门，直接发布不适合，

能不能建议协会发布？就物业管理协会发布吧？

啃硬骨头的工作协会做不好，做点力所能及的。

请注意，对江州街道治理"敲墙党"的点评，

还包含了机关的另一个工作规律，

那就是，作为分管建设的副区长，

如果全区大张旗鼓治理"敲墙党"，

他就必须联合分管公安的区领导共同推动，

分管公安的领导排名可能在他之前，

即便排名在后，也不能随便给同僚派活，

他必须"求得"对方的积极支持才行，

光个人支持还不够，还要走程序，

动用公安，一般要经过区委的程序；

而如果是基层自下而上有了典型，

那就可以通过推广典型达到工作目的。

这也算是另辟蹊径、曲线救国的做法。

 明示

同僚

开场白就分析这些。最后有个小问题：
开场白的结尾语、正文的引导语，怎么写？
上面分析的这篇讲话稿的开场白结尾语：

下面，我谈两点意见。

开场白的结尾语是不是只有这一种格式？
当然不是，要看具体应用场景。
如果是副区长、区委副书记先后讲话，
一般副区长会用以上款式的结尾语；
那么，副书记可能就会使用另外的格式：

下面，我再强调两点意见。

"强调"这个词，经常与"重申"连用，
所以，我讲的与副区长有重复也在所难免，
虽然重复，但因为重要，也不得不讲。

如果是安排副区长、区长先后讲话，

重申 ▶

虽然副区长、区长的讲话都虚实结合，
但副区长会比较谦虚，把自己的讲话"降格"，
这个"格"怎么降？原则为高、操作为低；
形而上的、高屋建瓴的为高，反之则低。
所以，副区长开场白的结尾语可能是：

一会儿，李区长还会提工作要求。下面，我
就有关具体工作讲两点意见。

如果是调研座谈会的讲话提纲，
因为是调研，可能暂时不做定论，
领导的讲话，虽然安排在最后，
虽然"分量"和实际作用确实不一样，
但是，至少在理论上、在名义上，
与之前大家的讨论，性质上是一样的，
所以，副区长、副书记、区长都会说：

下面，我谈两点个人看法，和大家共同讨论。

格 ▶

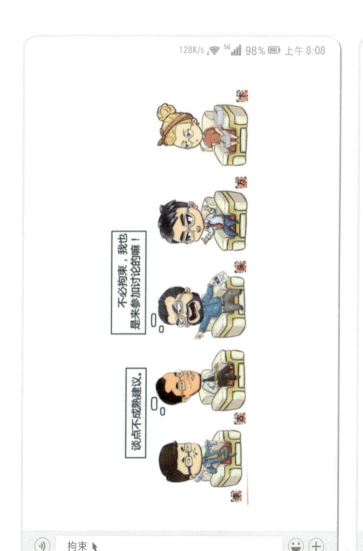

或者，不必太谦虚了，不用"讨论"了，
因为领导讲话之后就结束会议，和谁讨论？
可以用"研究"替代"讨论"：

下面，我谈两点想法，和大家共同研究。

第 11 步：写讲话稿的结尾语

动员部署大会上的标准讲话稿，
它的结尾语大家都熟悉，就是喊口号。

**一听到"同志们"，我就
收拾东西准备散会。**

先看这个讲话稿结尾语的样本：

同志们，让我们在区委、区政府的坚强领导

下，进一步全力以赴、攻坚克难，确保圆满完成各项目标任务，推动我区居住物业服务管理工作再上新台阶，不断提升城市管理水平，为实现高质量发展、创造高品质生活做出更大贡献。

以上这个段落的结构或关键字是：
同志们 + 领导下 + 攻坚克难 + 完成任务
高频词汇：确保，推动，提升，实现。

庆丰区人民政府
关于加强老旧小区物业管理工作的报告

以上是一款简洁风格的报告~
这款题目的不足是，看不出~
这类报告题目，有时可融入最新~
体现当前的最新精神，**时代气息款：**

万华第三
本书P39

这段的不足之处是，时代气息不强，
高质量发展、高品质生活是新词，
其他词汇都不新鲜，需要增强时代性：

同志们，新时代要有新气象，更要有新作为。面对新时代人民群众的新期盼、新要求，提升我区居住物业服务管理水平，任务艰巨、使命光荣。我们要紧扣人民群众对美好生活的新需求，进一步强化目标必达意识，真抓实干、攻坚克难，确保各项任务圆满完成，向人民群众交上一份满意答卷。

以上这个段落的结构或关键字是：
同志们 + 形势 + 攻坚克难 + 完成任务
高频词汇：新，提升，确保，答卷。

以上两个段落，篇幅还可以加长，
反正，相近的大词多着呢，随便用。
当然，有的领导风格比较内敛，
不喜欢最后的段落需要提高嗓门，
也不希望最后的段落篇幅太长，
那就建议采用短小且平实的风格：

🔊 增鲜 ▸ 😊 ➕

🔊 嗓门 ▸ 😊 ➕

同志们，*希望*大家通过今天的会议，思想上*再*重视，行动上*再*提速，机制上*再*完善，落实上*再*加压，共同努力，*确保完成*我区居住物业服务管理工作各项目标*任务*，推动我区城市管理水平再上一个新的台阶。

以上这个段落的结构或关键字是：
同志们 + 提希望 + 完成任务
高频词汇：希望，再，确保，完成。

口号式的结尾段落，有点程式化，
万华不太喜欢，觉得太老套了，
既不愿写，也不愿听，觉得纯粹多余。

希望改进会风从取消结尾语开始，
让领导可以根据自己的喜好、
根据会场氛围决定要不要喊口号，
而不要把它作为固定组成部分。

程式化

当然，如果别的领导有，那你也得有，
如果领导要求你有，你就必须有。
举例子就不用举太多了吧，
反正，写的时候网上查找范文，
再结合以上几款的样式，
适当做些调整，基本够用了。

好了，万华不喜欢的，就此打住！

小白

为什么有的服务行业每天早上都要喊口号？在店门口列队，一边跳操，一边唱歌，还要吼叫几声。

万华漫话

顾客总是谢绝套餐、谢绝办卡、谢绝续费，员工自信心和勇气消耗太过，喊口号可以满血复活。

最后多句嘴，以上 11 个步骤，
所模拟的范文，也说不上有多好，
只是顺着这个思路，按照这个方法写，

满血复活

写出来的讲话稿，大致是合格的、合适的，
也是万华目前认为比较好的教学步骤；
但这不是万华自己当年的学习过程，
当年的小万没遇到老万这么好的老师，
当年的小万无处购买这样的教辅。

老万是个有近二十年驾龄的老司机，
当年学车，没怎么挨骂，一次通过，
大大出乎之前的想象！要知道，
我是一个学什么都很笨、很慢，
打扑克、打麻将水平很水、输多赢少，
总是嫌没有教材或教材写得不好，
老师教得也不好，教学方法不对路，
基因差、怪环境的不讲道理的人。

黄书
P1

水

窗

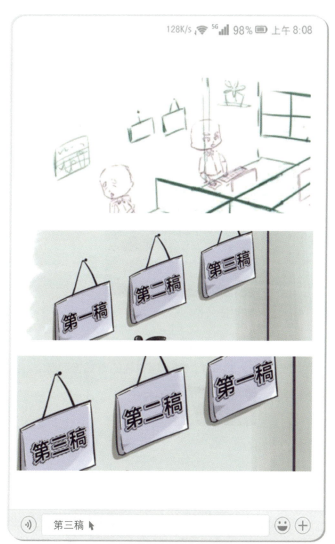

第 8 章
标准讲话稿有哪些衍生结构

以上分析的两大块、六小块的结构，
是万华心目中标准讲话稿的式样。
既然有标准的，那就还有非标准的，
或者说，因为把两大块六小块视作标准结构，
那么，可以把其他结构看成衍生结构，
当然，指的都是"部署动员类"讲话稿。

如果庆丰区的物业管理比前文写得还差，
即不但老旧小区脏乱差问题严重，
新建商品房小区也是问题多多，
加上新冠疫情防控给小区物业管理带来新问题，
而且，造成了当前社会舆论热点，
领导不得不给予积极的回应，
现有的两大块写不全、耍不开，

衍生 ▶

那么，还可能需要增加第三块内容：

一、加强新时代居住物业服务管理工作，根本目的是满足人民对美好生活的向往（怎么看）
二、把握正确的方针方法，切实提升新时代居住物业服务管理工作的精度与实效（怎么办之一，重在方法论）（敲承重墙的问题不在这里写）
三、积极回应社会关切，合力攻坚，破解居住物业服务管理工作的重点难点问题（怎么办之二，重在回应热点、提出对策思路）

一方面，我区物业服务管理工作中长期存在着诸如车辆停放与绿化维护两难问题、物业服务费标准随行就市调价难与物业公司撂挑子"抛盘"问题、装修破坏承重墙问题等。另一方面，在当前新冠疫情防控常态化背景下，不少居民群众对小区进出口测体温、查验健康码和行程码等工作手势过松、管理涣散、门禁形同虚设等问题，不断投诉举报。这些新问题叠加老问题，一段时间以来造成了几次社会舆情。今天的会议，我就这

"抛盘" ▶

些热点难点问题谈谈对策思路。这部分内容请区房管局会后整理一个新闻统稿，通过媒体向社会发布，回应群众关切。

　　1. 破解疫情防控条件下的物业服务管理难题。（略）

　　2. 破解老旧电梯大修更换或多层住宅加装电梯难题。（略）

　　3. 破解小区车辆停放与绿化维护两难问题。（略）

　　4. 破解家用新能源汽车充电桩安装难问题。（略）

　　5. 破解小区物业服务费标准随行就市调价难问题。（略）

　　6. 破解装修破坏承重墙屡禁不止问题。（略）

一般来说，这部分内容只能写工作思路，
具体怎么办，职能部门长期拿不出成熟方案，
实践中，也没有哪个基层单位做得特别好，
或者说，房管部门也没发现好的典型，

 关切

领导可能处在"有想法但没有成熟办法"状态。
所以，文秘也不可能写得太具体，
讲话稿只能提出思路性的对策，

比如：小区停车位不足与绿化的矛盾怎么破？
增加屋顶和墙面的立体绿化，
算不算新增面积？能抵扣地面绿化收缩吗？
有车业主与无车业主的对立怎么缓和？
小区的情况千差万别，谁也难有标准答案，
轻易有答案，那还叫难题顽症吗！

再比如，电动汽车充电桩安装的矛盾，
新建商品房小区，车位与户数的比例较高，
大多数家庭都有独立使用的车位，
安装充电桩问题不大。但是，
对于老小区，普遍遇到两个难题，
一是车位不固定，二是电力有待增容。
前者，可探索"一桩多车"共享模式，
后者可实行"统建统营"模式，

 顽症

引入第三方公司，出资给小区电力进行增容，
并出资对小区全部车位都安装充电桩。
这样一来，尽管小区车位没有增加，
但是不会出现买车无桩、油车占桩问题，
仍然实行先到先停，啥都不耽误。

嘿！老古又换新车了。怎么
不买新能源汽车？

我怕电池起火。

那我猜你也没碰过
新能源题材的股票？

嗯，这方面
我倒是知行合一。

如果庆丰区物业管理不像前文写的那么差，
绩效一般般吧。一般般也要开会，也要写稿，
比如，各条线都要召开年度工作会议，
不管有没有新政出台，一年到头总要开个大会，
或多或少推出几项新政，进行动员部署，
即便没啥新政，把老政策重新集合包装一下，

也能起草个行业发展三年行动计划，
然后出台文件、召开部署动员大会，
那么，领导的讲话稿应该写这么三块：

一、充分肯定近年来加强居住物业服务管理工作取得的成绩（怎么看之一，怎么看待现状，要充分看到主流）

按照区委、区政府统一部署，"十三五"以来，全区上下一盘棋，全面深化社区治理创新，扎实推进住宅小区物业服务管理提升工作，取得了有目共睹的成效。具体表现在以下四个方面：

1.党建引领下的业主自治和社区共治激发了新的活力。（略）

2.住宅小区物业服务管理的基础性制度与运行机制已初步建立。（略）

3.涉及居住民生的"急难愁盼"问题不断得到解决。（略）

4.条块结合的监管制度体系不断健全。（略）

二、进一步加强新时代居住物业服务管理工作，根

本目的是不断满足人民对美好生活的向往（怎么看之二，怎么看待形势任务）

　　三、把握正确的方针方法，进一步提升新时代居住物业服务管理工作的精度与实效（怎么办）

如果原来工作基础不错，增加一块内容，
那么原来的第一块、现在的第二块，
大标题要增加"进一步""不断"两个词，
以表明原来也不坏、将来还要更好，
"进一步""不断"这种高频词汇的意思是，
不是从无到有，也不是从差到好，
而是从好到更好，是锦上添花。

最近，我同事写充电桩建设的讲话稿，
扩充了怎么看，我觉得写得很好，
是领导调研充电桩建设工作的讲话提纲：

　　一、大力发展电动汽车充电桩设施，既是重要的民生项目，也是重要的发展项目（怎么看之一，重在项

进一步

目性质和定位的认识）

　　二、大力发展电动汽车充电桩设施，既具备了较好基础，也存在不少难题（怎么看之二，重在项目发展条件和环境的分析）

　　三、大力发展电动汽车充电桩设施，既要着眼当前，也要谋划长远（怎么办，重在工作方针和思路）

刚才分析的物业管理讲话稿的扩充，
是在时间维度上进行切分：现状与将来，
而充电桩讲话稿的扩充不仅有时间维度的，
它的切分逻辑还有：内在与外在，
内在，即项目的性质和功能定位，
既是民生项目，也是发展项目；
外在，即项目发展面临的外部环境。

以上3种扩充的结构，常见常用，
要么扩充怎么看，要么扩充怎么办，
也可能同时扩充怎么看与怎么办，
全文写成四大块或一大块，也是有的。

维度

【万华的网友在加班】

 Panda

你，我，他，请用尽我们的洪荒之力，汇集成磅礴之势，驱散无情的瘟疫。期待疫情结束的那一天，我们摘下口罩，露出久违的笑容，开心握手，热情拥抱，阳光扫除阴霾，春风吹去烦扰。那一天，工地机械的轰鸣声开始悦耳，工人的敲击声如此美妙。那一天，公园里的孩童正在追逐嬉戏，涟漪波荡的湖边年轻人正在放声歌唱。那一天，老人跳起了广场舞，年轻人形色匆匆赶去工作，孩童背上了书包。那一天，那一天，那一天，竟是如此美好！

2020年2月12日 21:09 删除

那一天

第 9 章
动员会讲话稿存在的理由是什么

机关的会议，估计有一多半可以不用开，
文山会海中，啥样的会最应该被精简压缩？
动员大会！对的，就从万华所谓的标准化的
部署工作的动员会入手，精简会议。

也就是说，有的会是不能不开的？

小白

万华漫话

那当然。比如，履行法定程序的会、研究方案的会。

你可能曾经想过这样的问题，
现在，万华把它写出来：
领导讲的道理，大家都懂的啊！
干吗还要讲？干吗浪费时间开会？

文山会海 ▸

参加工作之初，我就有个疑问：
为什么布置工作就要开部署动员会？
只发文件，难道就不行吗？

几十年以前开动员会，情有可原，
那时候文盲多，光有文件不够，
有的基层干部是半文盲，看不懂文件，
需要解读，需要说明，需要答疑。
而现在呢？感觉完全多余啊！

关于这个问题，万华心中有个乌托邦：
为什么做、做什么、怎么做、啥时做完，
都写在文件里，正文写不下的，
附上表格、示意图，教学光盘也行啊，
一句话，能明确的都尽量写明确，
什么方式通俗易懂，就用什么方式，
总之，就是按照"讲好工作故事"写文件。

然后，将文件和资料、光盘发下去，

讲好工作故事 ▸

要求各单位确认收到文件，
并反馈是否对本地区本单位的任务知晓了，
如果有疑问、有困难、有问题，
给一个期限，赶紧提出来，
然后，召集有疑问的单位答疑解惑。
那些没疑问的单位，不用参加会议，
让他们把节约下来的时间用于抓落实。

这种工作方法，要注重抓事中事后的跟进，
实施过程中，要求反馈阶段性进展，
也可以派人下去检查和督促，
进度滞后的，再召集起来开会。

**这让我联想起行政
审批改成告知承诺。**

告知承诺 ▶ 😊 ➕

许多单位都有智慧化的业绩考核系统，
每年初，把政府工作报告进行分解，
拆分成几十个大项、几百个小项，
每项都明确责任单位、责任人，
工作质量也有具体而明确的要求，
每旬、每月、每季度的节点一目了然，
总之，就是一切都尽量项目化、数字化。

每个单位、每个项目的过程进度，
用绿灯、黄灯、红灯标识，
哪个项目滞后，就亮红灯，一直闪烁，
闪到你心烦、直到赶上进度为止，
办公自动化，可以轻松解决这些问题，
用不着经常开会，不见面可以解决问题。

并且，每项工作都开展后评估，
而且要让群众真正参与，比如网上打分，
也可以购买第三方的调查评估。
那些嘴上说没问题、实际拖后腿的，

智慧化 ▶ 😊 ➕

除了绩效扣分，还要打入另册，
下次作为"疑问单位"必须参加答疑会。

以上，是当年小万的乌托邦，
不对！老万今天仍然认为可行！

听朋友说，某县政府有过类似的努力，
为了削减文山会海，专门规定，
凡是发了文件的，就不再开动员会；
凡是开会布置了，且任务简单明了的，
不必过多说明的，那就不再发文件。

潜台词是，发了文件，就算部署了，
各单位照着文件去落实吧，
不用再开会解释、宣讲、强调了。

很可惜！听说这项新政形同虚设，
凡是布置工作，还是既开会又发文，
又回到老路上去了，一切照旧。

试点夭折，可能需要分析大的环境。
在特定语境下，有一种现象：
开了会、发了文就等于贯彻了，
这是被当成官僚主义现象被批判的。
最典型的是安全生产工作，
出了问题，要查是否开会、是否发文，
如果规定动作没做，责任就更大。
这是针对以会议贯彻会议，以文件贯彻文件，
而不做实际工作、敷衍塞责行为的批判，
这当然是官僚主义，典型的不作为！

如果，虽然没开会，但是发了文，
文件还附有详细的任务说明书、光盘，
有全过程的事中事后协调推进、监督、检查，
有局域网的黄灯、红灯闪烁提示，
有群众广泛参与的"好差评"制度，
有效果评估并与绩效工资挂钩，
那么，不开会就不应该成为问题吧？

建议在检查、评比、考核、追责中，
不应检查是否开会、是否动员部署，
而应当以工作层面的人是否知晓、
以实际工作效果为检验标准。

那么，是不是发文一定就能替代开会？
什么样的动员会，是真的必要的？
万华觉得，动员会的必要性主要体现在，
会上的领导讲话非常有必要！
肯定是讲了文件中没有的内容，
或者，虽然内容近似，但深度不同，
而且，主要就在讲话稿第一部分。

综上，动员大会存在的理由，
就是讲话稿存在的理由。

那么，由此又引出下一个问题，
你可能曾经想过这个问题，
现在，万华把它写出来：

 理由

领导在动员会上讲话的深度，
理应超出大多数与会者的认知水平，
而领导讲话稿又是文秘写的，
意味着文秘水平高于大多数与会者吗？

或者，这个疑问可以暂时先搁置，
这其中还有一个更现实的问题：
写材料的文秘，与他所服务的领导相比，
能力、水平、阅历等各方面都被碾轧着，
又凭什么能写出领导满意的讲话稿？

一想到这个问题，万华就非常沮丧，
相信许多文秘同行都有类似感受。
写材料的文秘，与所服务的领导相比，
完全没有可比性啊！悬殊太大了。
你想啊，领导，特别是中高层领导，
说他们是马中赤兔、人中龙凤，毫不为过，
过五关斩六将，一路晋升上来，
甩掉了无数的竞争对手，脱颖而出，

 龙凤

学识、视野、生活阅历等等方面，
无论哪方面，都是写材料文秘难以企及的。
别的不说，单说学历文凭，
现在的领导，本科是起点，硕士一大堆，
博士也不稀奇，有的还是留洋博士。
当然，近几年公务员考试越来越"卷"，
中高层机关的新进人员，学历也越来越靓了。

领导看的文件、资料，比文秘多吧，
有的文件，只发到中高层，
有些中高层的会议，文秘不能参加；
领导还听中央党校、省委党校的课程，
而写材料文秘，脱产培训学习的机会很少，
因为忙，因为"这个岗位离不开你"；
领导见过的社会精英比文秘多得多吧，
上午分别会见几位特大型平台企业的老总，
中午与几位高科技企业家共进工作午餐，
下午参加总部型企业座谈会，
晚上，可能还有招商引资推介会。

 平台企业

上午会见的瘦猴样的那位老总叫什么名字？

姓马。

下午有点帅的那位呢？

也姓马，都和我同姓。

领导与写材料文秘，中间隔着一条峡谷，
还隔着一座大山，这座大山有多大？
大到无法想象！引入一个参照物吧，
那些众人仰望的大明星、大学者，
作为普通观众，一票难求的学术讲座、
一票难求的演唱会，追过星的都有体会，
从黄牛手里买高价票，只为一睹风采。
可是你知道吗？那些大明星、大专家，
都在这些大型平台企业老总的麾下，
老总是明星和某些专家的大金主。
而这样的大金主，要在某地设立分支机构，
要取得地方的全方位支持，

 金主

就得"求见"文秘所服务的领导。

反观写材料的文秘，特别是青年文秘，
　　正处在贪睡、贪吃、贪玩的年纪，
　　上大学，学会睡懒觉，一时要改也难，
　　熬夜打游戏、刷手机怎么也忍不住；
稍微年长一些之后，又是上有老下有小，
每天"鸡娃"、哄老人、应付人情往来，
　　用在工作上的时间，比领导少吧。

中高层领导，不能像普通人一样逛街，
　　因为经常上电视，好多群众认识，
有可能被拦下来聊天，你还不能不搭理，
　　更有可能要求你倾听信访故事，
　　也不能没有耐心，还得承诺解决问题，
所以，领导基本没有自由逛商场、逛公园的时间，
　　要不怎么说，中高层领导都算职业革命家呢，
　　这一来，比文秘投入工作的时间多得多。
　　　总之，领导吃的盐比文秘吃的饭多，

太咸容易高血压！

盐

领导过的桥比文秘走的路长。
这样的一对关系，这么大的反差，
文秘写的文稿，要让领导看得上眼，
凭的是什么？拼的又是什么？

【万华的网友在加班】

 🌈旺
纪念一下人生第一次妈妈把饭送到办公室。
一个字：好吃！

2020年5月27日 19:31　删除

旺

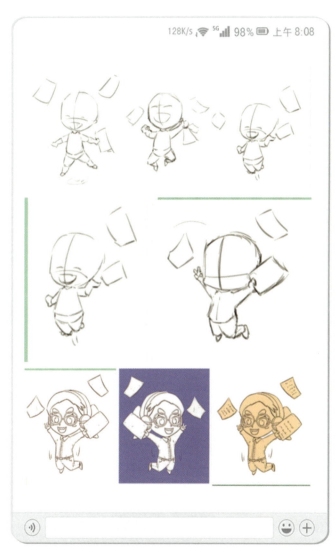

· 93 ·

第 10 章
为什么多读书才有说服力

稍有年纪的人都熟悉这样一句话：
人的正确思想从哪里来？

前文写到，如果一个动员会是有必要的，
很大程度上是因为领导讲话质量高、有必要，
质量高的讲话，基础条件是讲话稿比较好，
因为讲话稿写得有启发性、有感染力、说服力。
论证过程很精彩！找来的论据非常有力！
这么有力的论据，一部分或大部分来自领导，
毫无疑问，也有一小部分来自文秘。
领导的论点论据来自他的学识和阅历，
那么，文秘的论点论据从哪里来？

万华觉得，拼的首先是阅读量，

阅读量

写好讲话稿，必须看过多数人没看过的书，
或者听过多数人没听过的道理和故事，
当然，别人的故事有的也是看书看来的，
否则，讲话稿就不会有吸引力、说服力。

说到看书，万华想分享一个自己的感受。
多年来流行这么一句鸡汤文：
提倡看一些没用的书。
这话听上去很超脱，没有功利性，
但这里所谓的"没用"，并非真没用，
只不过不起立竿见影的作用，而是潜移默化，
像缓释胶囊，慢慢起作用，
像黄酒，入口不辣，但后劲很足，
或者是指，暂时没用，以后有用，
不是用不到，只是时辰未到。

近年来，还流行这样一个说法，
劝人少刷手机，多阅读经典。
这句话，到万华这里，又想纠正一下，

经典

如果你的朋友圈的牛人足够多，
那么，你多刷微信也是涨知识的，
你的朋友们，发的朋友圈都很学术，
都是那种你没看过，但你应该看的经典，
那么，刷手机就等于有质量的阅读。

所以，在信息过载的当今时代，
一个人如果跨过了某个常识认知的瓶颈，
那么，海量的信息对你是有利的，
你能从中甄别出哪是营养，哪是糟粕。
如果你没有突破这个无形的瓶颈，
那你不具备选择的能力，就可能加固偏见，
被你过滤留下的，可能全是渣滓，
这样的现象，在朋友圈比较普遍。

插话完毕，回到正题。
有了足够的阅读量，其次还要思考，
只看不想，没有自己的观点，
只想不看，想也想不深，

 过载

只能在表面打转转，在原地踏步。

讲话稿的"怎么看"部分，
最体现思想性，也就是通常所谓的，
层次高、格局大、视野广阔，
你要在大家都已知的道理之外，
再讲出一层或几层道理。

大家都已知的道理，一般包括：
一是上级以及上级的上级的精神；
二是本地或本行业面临的形势；
三是有时需要写一写国际形势。
这 3 个方面，想要写出新意，很难！
因为大家看的文件、听的新闻都差不多，
输入是一样的，一个师父教出来的。

文秘所能努力发挥能动性的：

一是写出多数人不了解的背景，

 背景

这需要看得多、听得多，信息来源广，
既有深厚的历史渊源，也有更多的样本。
　二是写出多数人没意识到的道理，
能够体现你的独特视角，看到本质，
这需要大量的阅读、思考、实践。

　　三是写出多数人没发现的、
事物之间的相互联系，或者规律，
是确确实实存在、而非牵强附会的联系。
别人没想到，或虽然也往那个方向想过，
但从来没有想清楚、没理清头绪，
经你一说，还真是这么回事！
正所谓：众人心中有，众人口中无。

大概 20 年前，万华参与起草某领导讲话稿，
　关于居民区工作会议的讲话稿，
当时的背景是，居民区工作体制创新，
　改革的思路是："议行分设"。
议行，这两个字借用的是议会和行政，
　讨论并决策，叫议，行是执行的简称，
议行分设，就是这两部分机构和人员分开，
原来兼有议事与做事两大功能的居委会，
　要被拆分为两个新的机构，
　议事的，沿用居委会这个名称，
　做事的机构，叫社区工作站。

　社工站的人员实行聘用制、坐班制，
属于政府购买服务，承担事务性工作。
议事的居委会及其成员，选举产生，
由坐班制，改为一部分成员不坐班，
　每月定期碰头、参与议事和协调。
　不坐班，当然就不领取工资，
不领工资但可以发点交通通信补贴，

类似于社会贤达志愿参与奉献的模式。

万华清楚地记得，当时在起草有关文件时，
发给不坐班成员的钱，叫什么名目，分歧很大：
因为没有雇佣关系，所以不能叫工资、不能叫薪金，
商量下来，在文件上写"报酬"还是"津贴"？

小结一下，这项改革有三个创新点：
一是议行分设。把居委会的职能一分为二，
其中一个机构负责讨论、决策、监督，
另一个机构负责将决策付诸实施。
二是增加了社工站这个新机构。
三是增加了非全职、不坐班的成员。

不坐班的成员，适合由什么人构成？
在某次讨论会上，万华听民政局长提到：
从退休公务员、教师、医生、律师中物色。

现在，万华从学术角度分析这项改革，

 津贴

主要从开拓写材料思路的角度看问题，
讲话稿怎么写这项改革的必要性、可行性？
实际就是对这样的创新"怎么看"，
原体制有什么弊端，创新思路有什么依据，
有没有古今中外的经验教训可借鉴。

其实，这里可以再问一个"为什么"：
即当时这项改革是谁想出来、提出来的？
始作俑者具备什么文科知识或见闻，
才能想出这项改革的思路？

万华之所以对这篇讲话稿印象深刻，
是因为几年以后接触到了《乡土中国》，
著名学者费孝通先生的代表作之一。
突然想到，万华对那篇讲话稿啥贡献也没有！
当年，既没有提供有价值的论据，
也对民政局长为什么提出那样的主张，
以及该主张背后的底蕴，一无所知。

 底蕴

看了费老的书，万华又顺藤摸瓜，
接触了几本古今中外的相关经典读物，
粗浅地了解到几个知识点：

一是皇权不下县。在我国古代，
朝廷任命的官员只到县级主要负责人，
也可以理解为，中央政府的有效管辖只能到县级，
县以下的乡村，主要由宗族和乡贤自治。
换句话说，在几千年的中国历史上，
行政管理，从来都不是一竿子插到底的，
最基层的管理，是留着空白的。

二是乡贤主要是退休的官员。
什么是乡贤？就是乡里的贤能之人，
贤，就是品德好，能就是能力强。
万华还得加一条，有空闲，
为什么？因为德才兼备的人，
差不多都在城里的领导岗位上呢，
谁有空管乡村的鸡毛蒜皮闲事？

乡贤

所以，退休官员最有条件成为乡贤。

退休后我想回老家弄块地种，
过一段"采菊东篱下"的生活。

不帮孩子照顾第三代？
看病怎么办？一大堆问题啊！

那倒也是。

现在的退休官员大多留在城市养老，
而古时候更讲究"告老还乡"、叶落归根。
既然退休了，那就说明年纪大、辈分高，
再加上当过官，有文化，也不太穷，
在乡村，具备这种硬件的人，
那就差不多可以当"族长"了，
所以，宗族势力对乡村的自治，
差不多就等同于退休官员回到乡村自治。

三是基层治理未必全部使用编制人员，
可以用编外人员，可以不发工资。

族长

古代官员退休，会得到安置费，
比如，发给多少亩良田，成了地主，
仓廪实而知礼节，有了经济基础，
不会为了仨瓜俩枣而偏心眼。
所以，乡贤为乡村的自治而出力，
可能是无私奉献的性质，类似志愿者，
或者，利用管理乡村事务的影响力，
既获得做人的面子，也从其他方面获得物质利益，
即堤内损失堤外补吧。

由此，万华判断当时民政局长的思路，
一定是出自以上几个方面，
他应该看过费孝通先生的《乡土中国》，
以及关于基层治理的更多书籍。

古代的退休官员、宗族长辈也好，
现在的退休公务员、医生、教师、律师也好，
共同点是，曾在体制内或常与体制打交道，
一是长期受到主流价值观和道德约束。

 基层治理

二是有文化。参与自治需要文化基础，
这是相对于二十年前的居民区干部素质而言的。
万华当年到居委会调研，听她们诉苦，
她们异口同声说：要给居委会减负！
当年的居委会，有些半文盲成员，
办公电脑普及后，有的居民区工作人员，
打了半天字，一不小心，误删除了！
后悔不迭，叫苦连天，大腿都拍肿了。
三是有经济基础。参与公共事务，
主要出于奉献，助人为乐，不为赚钱。

产生以上联想之后，万华来了兴趣，
查了所在城市 1949 年以来的居委会历史沿革，
然后，再往上查了民国时期的保甲制，
顺便搞清楚了什么叫"坚壁清野"。

需要说明一下，这里所说的"读了"，
就是随便浏览感兴趣的部分，
更多地表现出急功近利，急用先学，

 坚壁清野

专门挑那些可以现学现用的读。

据万华对 1949 年后居委会体制的了解，
工作人员的编制，有（过）好多种类：
有过（1）义务奉献的居委会成员，
有过（2）"大集体"、（3）"小集体"编制。
万华到机关工作的二十世纪九十年代，
常常去街道办事处、居委会走访、调研，
听到比较多的是（4）"小辫子干部"，
是指从扎小辫的中学生小姑娘开始，
就一直在居委会岗位工作了，
他们当中，少数人具有（5）事业干部编制，
多数是大集体、小集体职工的编制。
随着年龄增长、知识老化，
他们中有的人，能力水平上难以适应。

九十年代末，出现了"××干部"，
"××"这两个字是当时市委书记的姓名，
干脆，就称之为（6）"庆丰干部"吧。

在万庆丰同志担任市委书记期间，
正在经历国企职工下岗潮，
大约在两三年内，有百万国企职工下岗或内退，
庆丰同志感到，国企干部是财富而不是包袱，
尤其是车间主任、支部书记、工会主席等，
有着丰富的直接面对群众做工作的经验，
应当引导竞聘居民区书记、参选居委会主任。

为了吸引他们到居民区重新就业，
庆丰书记当时提出要给一些鼓励政策，
其中之一，就是对符合条件的给予事业编制。

这批干部到了居民区，很快成为骨干，
而且是此后十多年的居民区骨干，
涌现出多位省市级的劳模、代表委员，
成为当时本市社区治理的现象级事件，
这批干部，就被称为"庆丰干部"。

大集体

庆丰干部

前文提到居委会"议行分设"改革，
是 2000 年前后的事。改革的效果如何？
始作俑者、搞试点的几个居委会，效果不错，
但是，复制推广好像不行，有的画虎类犬。

搞试点的那些居委会，大多有个能干的带头人，
其中最典型的，有位退休的厅局级干部，
治居民区如同烹小鲜，能力和水平降维打击，
即便不坐班，也能够掌控工作局面。
那么，是否意味着，试点效果好的居委会，
"效果"未必来自"议行分设"的体制，
而是因为有一个特别能干的带头人？

有这样的带头人，什么体制不能做好工作？

后来，通过"罗辑思维"的顾衡老师，
万华又接触到了思想家边沁、社群主义者、
詹姆斯·斯科特的《国家的视角》；
接触到了思想家霍布斯、思想家洛克的学说，
他们对于政府的能动与谦抑，持相反主张，
前者认为人性是卑劣的，要有一个强大的政府，
能管的都要管起来，否则，社会就成了丛林社会，
而后者认为人性本善，主张能不管就不管，
差不多就是政治版的亚当·斯密。

看了许多书之后，关于居民区的问题，
在万华脑子里，差不多就简化为两个问题：
一是政府管理与居民自治，边界怎么划分？
哪些政府管、哪些自治？管多点还是管少点好？
二是居民区的工作人员，应该是什么身份？
有编制的还是自愿者，或者二者合理搭配？
怎么搭配比较合理？权力怎么分配？

作为公职人员，我按上级和本单位精神，
确立文稿的观点，并指导工作实践。
作为思考者的万华，说实在话，
这么多年来，关于这个问题的三观，
万华摇摆了多年，一直没有恒定的答案！
当然，也可以理解为，处在螺旋式上升中。

现在，万华把最近接触了一些书之后、
对这个问题新的认识和思考，分享一下。

让万华相见恨晚的这几本、十几本书，
都指向这样一个毫无争议的事实，
那就是，无论中国历史还是全球范围，
人类解决基本生存食物，也就是把饭吃饱，
仅仅是这几十年的事情，如果没记错，
差不多就是在"包产到户"之后吧。
也就是说，在过去几千年的大部分时间里，
在低下的食品生产力的形势下，
统治者必须控制"脱产人员"的总量。

脱产人员 ▶

那么，皇权不下县，是主动选择还是无奈之举？
是古代的皇帝非常开明、非常有智慧？
是古代文官们，关于基层治理很有共识吗？
是他们心里明白，只有给基层一定的自治权，
基层才能搞得好、搞得活、富有生机和活力？
是古代奉行清官难断家务事的道德准则，
推而广之，邻里间的事务是扩大的家务事吗；
还是因为朝廷负担不了巨大的管理成本、
不得不被动地、默许基层自治；
还是古代统治者始终清醒地认识到，
只要不能稳定地解决温饱问题，
那就要特别强调"官民比例"不能高，
不下地干活的"脱产干部"，决不能太多，
地主家也没余粮，养不起更多管理人员？

如果自古以来的基层自治是被动的，
那么，下一个问题就不得不提出来了，
那就是，在脱离基本温饱之后，
在物质财富相对比较丰富的当今社会，

官民比例 ▶

社会管理、政府管理还要留白吗？

还必须让最基层的管理单元留作自治吗？

乡贤自治，说到底仍然属于人治而非法治。

既然负担得起"全职"的居民区干部，

为什么要特别强调"志愿奉献"？

给编制、给他们稳定的、体面的薪酬，

不是更有利于居民区队伍稳定吗！

是稳定的、有责任感的居民区队伍有利于治理，

还是良好的制度更重要？有了良好制度，

即便居民区干部走马灯似的换也无所谓？

> 128K/s 🛜 5G 98
>
> 完全不是问题！自有走街串巷的工
>
> 用金刚钻在碗底刻你家的姓或名。
>
> 稀饭喝完了，为什么舔碗底？
>
> 我那遥远的略带饥饿的童年少年，
>
> 仿佛每吃一碗饭都向祖宗送上飞吻。

黄书 P248

不知道是否从理论上想明白了，反正，

人治

试点之后，没有推广"议行分设"。

这个创新制度，不知道是因为实践的时间太短，

还没来得及施展出它的先进性、优越性，

还是缺乏配套措施使它的优越性无法施展，

反正，"议行分设"模式没有推广，

或者，可以理解为被更好的模式替代了。

还有，目前居委会、业委会并存，是否需要优化？

是否存在"并购"重组的可能性？

再后来，又特别强调队伍的稳定性，

出台了一系列社区治理的政策文件，

包括给居委会普遍增加开展工作的经费，

给居民区工作人员普遍增加薪酬，

对其中符合服务年限的、优秀的人员，

给予事业编制的"褒奖"和职业稳定性，

下图是万华的红书 P71 插图，

所模拟的情景，是当时的真实情况，

是根据电视新闻节目整理的一段对话。

并购

从口头报告到书面报告的原理

（情境：市领导视察基层，与区领导、街道负责人、居民区干部座谈）

□ 市委书记说：居民区干部直接面对老百姓做工作，很辛苦，（转向对区、街道领导说）要多关心爱护，帮助解决实际困难。

□ 居民区书记响应：市委1+6文件颁布后，区里见山见水回复领导关心，光从本人情况讲起，现身说法，这次调整都很好。像我原来是聘用干部，现在解决了事业编制，职业的稳定性，每月提高一千多块，考上社工的多加××元，这是最新政策产生效果。然后讲整体情况。我们居委会全职的7名成员，这是新政产生的效果，整体的凝聚力增强了。我们今年被评为文明小区、无群租小区，没发生一起上访矛盾。荣感增强了。

光荣感

关于居委会的思考，不要嫌我写得特别细，
因为这是一个大家都有感受的话题，
很多人思考过这个问题，可以有同感，
还有的人有过居民区的工作经历，更有同感。
万华自己经历了多次的或左或右的反复，
实在要说是螺旋式上升的认识过程，也行吧。

下面要举的例子，就简略一些了。

2021年上半年，万华参与一个课题评审，
课题是关于军民融合的内容，
研究报告里有这样的表述：

军民融合的概念，最早由×国提出，第一次在我国正式文件中提出是2012年……

万华对军民融合的实操是外行，
但就写材料套路而言，工具箱倒是挺满的，
对于上面这段话，万华建议修改如下：

工具箱

作为现代意义上的军民融合概念，最早由×国提出。虽然我国直到2012年才在正式文件中提出这一概念，但类似军民融合的理念和实践，却早就有了，我国古代的"屯田制""府兵制""募兵制"，近现代的"军民兼顾""寓军于民"，包括最最著名的"双拥"口号和实践，都带有军民融合的本质特点。

以上是万华近几年读闲书了解到的。
　　无论写课题报告，还是写讲话稿，
　　多读书，毫无疑问是增强说服力的捷径。

今天，万华回忆起前不久课题评审的情景，
　　写下当时提出的这一修改建议，突然，
　　又觉得特别别扭，会不会有点"杠精"？！
不管人家的任何新提法，我国都"古已有之"，
　　这样写，好吗？阐述这样的道理，
　　有利于创新吗？是增强自信还是牵强附会？

古已有之 ▸

因为读了很多书，知道了很多历史沿革，
　　但未必要把这种"论据"都用尽吧。
　　稿子这样写可以，心里可以这样想吗？

【万华的网友在加班】

新年快乐 ▸

第 11 章
异地致辞怎么写两地渊源

最近，同事发了一条朋友圈，
贵州某负责人在山东的致辞，
涉及对口支援的答谢和旅游推介。

某地方的负责人，到外省市讲话，
现在，这种讲话稿的使用场合比较频繁，
比如，涉及对口支援的讲话场合，
更频繁的，比如异地召开招商推介会。

要拉近双方关系的稿子，就要找公约数，
最大公约数是两地的经济社会渊源，
这方面情况，大家都知道，很难写出彩，
能够写出差异化内容的，就是拼谁读的书多，
谁掌握的两地有价值的历史资料多，
说客套话，必须说到点子上。

如果说第一段是现在进行时，
那么第二段就是过去时、完成时，
简要回顾企业发展的光辉历程，
但千万别自说自话，那样太自恋了！
咱单位那点事别人根本没兴趣，
只有写公约数才能让对方感兴趣，
所以，每一句尽量与对方扯上关系。

红书 P31

怎么写好两地的渊源？很简单，
多读书，多了解两地的历史。
所以，这一章延续前文的主题，
那就是，讲话稿要想有感染力，能打动人，
就要多读书，广泛涉猎、旁征博引。

在贵州这位负责同志的致辞中，
提到 3 位历史人物与两地有渊源：
王阳明、丁宝桢、邓恩铭。
以万华有限的阅读量，也对这 3 位历史人物有所了解。

⌵ 5G 2.5 K/s 99% 🔋 10:30

✕ 贵州❤❤❤山东推介会讲话，结… ⋯

一位是王阳明，在贵州龙场悟道，创立阳明心学，对孔孟之道的传承发展既有"正本清源"之功，又有"开拓创新"之妙。贵州作为"王学圣地"，兴建了孔学堂，与孔庙一脉相应。

一位是丁宝桢，贵州织金人，任山东巡抚期间，两治黄河、兴办实业，以民为天、造福百姓，政绩卓著、为政清廉，最终长眠于山东这片他挚爱的土地。

一位是邓恩铭，贵州荔波人，是山东党组织早期组织者和领导者，自16岁来济南后就把青春和生命都献给了党在山东的革命事业。以后两位

⟨)) 孔孟之道 ▸　　😀 ⊕

同事发的这篇公众号文章，万华认真看了，
看过之后，手欠的万华忍不住评论，
自有微信起，万华向亲朋好友表达亲近的方式之一，
就是给对方的朋友圈写评论。
那天随手写了评论，一条不够，又补一条，
把刚刚看到的资料，卖弄出来：

贵州　　　山东推介会讲话，结构精妙，文辞兼美，值得品读借…

昨天 07:43　　　　　　　　⋯

♡

万 **万华**　　　　　　昨天 09:18
1949年，随二野五兵团进贵州的南下干部，主要是荷泽

万 **万华**　　　　　　昨天 09:19
学党史太有必要了

⟨)) 南下 ▸　　😀 ⊕

刚刚放下担架，有的领导农民进行土改，刚刚分了土地，又纷纷报名南下，组成了冀鲁豫干部南下支队。

1949年3月31日，这支队伍从菏泽县城南晁八寨出发，辞别了奔腾咆哮的黄河，辞别了水波不兴的梁山泊，辞别了生死与共的老区父老兄妹，奔向祖国南

南下支队来自革命老区冀鲁豫，
也就是河北、山东、河南交界地区，
集结培训的地方，在山东菏泽。
南下支队中，有 3960 名是"干部"，
按照冀鲁豫各占三分之一计算，
解放初，贵州的省地县乡各级机关，
至少有 1300 名山东籍的干部。

这支队伍的主要领导人之一，徐运北，
是山东聊城人，贵州解放后，
担任了省委副书记兼省民委主任。

抽调了3960名干部，1330名勤杂、通信人员，共5290人，组成了中国人民解放军第二野战军第五兵团南下支队——司令员傅家选、政治委员徐运北、参谋长万里(过长江前，万里同志奉总前委首长指示，率领540余名干部，去南京参加接管工作)、政治部主任申云浦、副主任郭超、供给部长陆耀海。南下支队辖8个大队(一个地委为一个大队)，30多个中队(一个中队为一个县的架子)。冀鲁豫区党委将全区抽调的南下干部，全部集中在菏泽县城南晁八寨一带，从3月初到3月底，进行了政治学习和军事训练。学习的主要内容是：当

1949年7月中旬，二野前委决定五兵团进军西南解放贵州，原冀鲁豫区党委南下的全体干部，随军西进贵州，赣东北地区的工作由江西省委派人接替。

为了做好向西南进军的准备工作和交接工作，区党委从思想、组织、物资等方面积极进行了工作。全区各地、县8月底交接完毕，9月10日左右全区干部在上饶集中整训，进行学习，扫除向西南进军的思想障碍，进一步坚定了将革命进行到底的决心和信心。

写到这里，请允许万华写点题外话，
童年的小万，有个误解，
以为山东人就是专门管人的人，

因为我老家机关大院的人，好多说山东话。

童年的小万，无聊到捡香烟盒、糖纸，
糖纸就是包裹水果糖的蜡纸或"玻璃纸"，
捡回来，夹在课本里，按产地排列，
北京虾酥糖、上海大白兔前排就坐，然后广州、杭州，
还有梧州，梧州的糖纸特别多，当时不知道原因，
再然后，省城，最后才是老家地级市，
把夹满糖纸的书垫在屁股下，为的是把它充分压平，
压平的玻璃糖纸放在手心，它会自己打卷、蠕动。

在市革委会、在行署门口捡糖纸、捡香烟盒，
经常会被操山东口音的人呵斥，字正腔圆的，
比我们南方土著响亮、浑厚，天然地具有威慑力。

后来在某一本杂志里读到一篇文章，
写的是南下干部回忆接管我家乡的前后经过，
了解到，我的家乡的政权更替没费枪弹，
那是专门刊登老干部回忆文章的杂志。

少年的小万，还有个更大的误解，
以为铁路系统有自己专门的铁路腔，
因为总是在火车站附近听到吴侬软语，
"铁路新村"的人，也都说着近似的话语，
我们当地土著小屁孩基本上听不懂，
当时的小万也不知道什么是吴侬软语。
还包括火车站的喇叭里也是这腔调，
依稀记得，喇叭里总是报数字：
比如两洞拐两洞妖……之类的。

少年的小万心想，铁路腔是很必要的，
为了防止阶级敌人破坏铁路，
火车调度的指令，涉及国家财产安全，
必须不能让地富反坏右轻易听懂。

直到高中毕业第一次坐长途火车，
这个误会才算彻底消除。
所谓长途，就是出了地级市、出了省，
要坐车十多个小时，可以看沿途很多风景，

铁路新村 ▸

而不是像之前走亲戚那样局促，生怕坐过站，
好不容易挤上车，喘息未定，
开水还没来得及凉下来，就要下车了。

1985 年，听到湖南株洲火车站的广播时，
高中毕业生万华才确认，并不存在统一的铁路腔。

【万华的网友在加班】

 小🔵

哟，五点该下班了

上海市 · 中国(上海)自由贸易试验区临港新…

2021年11月23日 05:09 删除   ·

株洲 ▸

中记
一个人的改开史，四十年来家国事

（本文写于 2018 年底，收入本书时略有改动）

任何人的个体感受，即便再独特，
也会有同时代人的共同记忆。

1978 年

外婆：读了小学读什么？
万华：读中学。
外婆：读了中学读什么？
万华：读大学。

恢复高考，第一批大学生 1978 年入学；
而以上这段对话，发生在此前的好些年，
在我上小学前，在民间，包括像我外婆这样的文盲，
在他们心目中，读书越多越有出息的信念，
一直就很倔强，从未动摇过。

记忆

班主任

1979 年

上面这幅图片由我同事的朋友提供，
他找出了父辈参战的纪念物品。
那一年，有那么一些天，每天清晨，
全体师生在操场集合，收听前线战况广播。
有的词语对于小学生来说超纲了，比如：

是可忍，孰不可忍！

1980 年

今年的口粮能吃到几月份？

这是我家人向乡下亲戚的问话，

这样的对话每年都重复一次。
二十世纪 80 年代初，我家与大多数小城镇居民一样，
仍然吃不饱肚子，好像也不是特别缺，就缺一口。

每年都从粮站买红薯充当主食，
即便红薯，当年也不是敞开供应的，
要按系数折算扣减大米的定量，
当年吃的，可是限量版红薯。

1981 年

你昨天看加里森没有？

这一年，距我家买第一台电视机还有 8 年。
那时，只有少数比较牛的单位才有电视机，
比如，供电局、邮电局、导航站。

📢 口粮

📢 定量

《加里森敢死队》，我是到同学家的单位大院蹭的。
去同学家看电视需要经过的那条巷子，现在还在，
导航站的院子也在，里面常年种着蔬菜，
当年的城郊接合部，现在属于纯正的城区，
这种单位，好像没必要非设在城区，
垂直管理单位，估计拆迁工作有难度。
我的初中同学当年邀我一起在他们大院种向日葵，
小城镇少年，既有大城市梦，也尝试务农。

1982 年

向张华学习！

这是我在黑板上用粉笔写的美术字，
写得特认真，以至刚写完，
一节课的主题班会也结束了！
我当时特别想在女同学面前卖弄书法。
1982 年 7 月，第四军医大学的大学生张华，
跳入化粪池营救一位老农而献出自己生命。
社会上激烈讨论大学生与农民的生命孰重孰轻。

🔊 向日葵 🙂 ➕

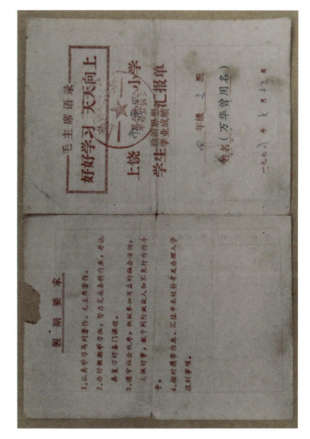

🔊 天天向上 🙂 ➕

1983 年

昨天查夜你醒了吗?

这是我问初中同学兼邻居的话,

在"严打"大搜捕之夜的第二天。

当时的我,并没意识到那次"查夜",

与以往有何不同,也不知道是夜间集中大搜捕。

在我童年,多次听家长说到查夜,

就是半夜挨家挨户搜查刑事犯以及地富反坏右。

我恨自己每一次都睡得太沉,错过这么好玩的事情,

只能自己脑补:激烈的敲门声、

多束手电筒光柱在睡眼惺忪的脸上乱晃。

1984 年

压岁钱帮你存银行了。

这一年,从人民银行剥离出一家商业银行。

外公带我到新开张的中国工商银行网点存了一元钱。

30 年后,我女儿到宇宙第一大银行上班,

才突然想起,我母亲在农村信用社工作过几年,

我对女儿调侃:不必心虚,你出自金融世家。

🔊 查夜 ▶ 😊 ➕

1985 年

5·19 长镜头!

这一年的 5 月 19 日,中国足球队 1:2 负于中国香港队,

比赛结束后,发生了中国足球史上第一次球迷闹事,

史称"5·19"事件。不懂足球的万华,

看热闹不嫌事大的无聊青少年,

觉得我们国家的人总算表现了一些血性!

当时有作家写过纪实作品《5·19 长镜头》,

葛优出演过其中的角色。

1986 年

问:你们学校上街没?

答:没人通知、没人组织啊!

我那时闲得无聊,什么事都怕不赶趟儿。

其实,我小学成绩还是可以的,

后来,从未超越小学三四年级的成绩。

1987 年

你就像那冬天里的一把火!

🔊 无聊 ▶ ➕

这一年春晚，费翔唱了两首歌——
《故乡的云》《冬天里的一把火》。
以我当时尚未开化的审美，
觉得肢体动作轻浮、过于望文生义了。
这一年 5 月 6 日至 6 月 2 日，
大兴安岭发生建国以来最大的森林火灾。

1988 年

7 月 1 日上午 11 时抵十六铺码头请接站为盼。
这是我发给单位的电报。
这一年我来到大病初愈的上海。
1988 年 1 月至 3 月，上海流行甲型肝炎，
29 万人患病，据说是生食毛蚶引发。

1989 年

我爱你！
我也爱你！
到单位报到时，HR 在一张名单上随意勾选着，
半年后，我认定，他是在点鸳鸯谱。

🔊 鸳鸯谱 ▸   😊 ➕

1990 年

上午九时顺产母女平安

收到电报的时候，并没有特别激动，
我想起池莉的小说《太阳出世》。

🔊 太阳 ▸   😊 ➕

也许，激动已经平摊到了之前 10 个月里。

1991 年

决战 100 天确保 "9·16" 后墙不倒

我为宝钢工程搬过砖、吊装过钢结构件，

拧过螺栓，铺过电缆，刷过油漆。

所谓奋斗就是，当时并不觉得自己在奋斗。

这一年，我的工作岗位被调整，

干上了这样一种特别奇怪的工种：

无论工作内容、手段还是成果，都是文字材料。

1992 年

这一年夏天的某一天上午，

我路过工商银行的一个网点，

那里正在设摊推销《股票认购证》，

我当然没买，我顽固地认为，

凡是需要推销的都不是好东西。

1993 年

问：你有螺纹钢吗？有多少我要多少。

答：我还想问你呢！我也缺货。

邓小平南方谈话的直接效果之一是，

基建起飞，钢材价格起飞；

效果之二是人人言商，

而且，90% 的人似乎都从事同一行业，

大部分人见面第一句话问：你有钢材吗？

1993 年可能是中国历史上全民言商空前的一年，

我与 99.99% 的人一样，一笔生意都没做成。

1994 年

你今年几岁了？

听到这句问话，我当时并没往心里去，

也不懂领导问我岁数的含义。

多年来，在很多影视剧里，

大凡领导问几岁，基本上是要提拔的暗示。

1995 年

买台电视机怎么用了五个小时！

小家庭第一次住上厨卫独用的房子，

一室加一过道厅，四十平方米的建筑面积。

在浦东第一八佰伴开张第一天，

买了台 29 英寸的 JVC 彩电。

挤进商场用了一小时，排队付款两小时，

单位的小车在商场周边堵车两小时。

1996 年

用事实说话。

特别喜欢这一年央视诞生的两档节目：

《实话实说》《新闻调查》。

1997 年

ＨＲ：你住宝山这么远，遇到加班怎么办？

万华：请问，我可以在办公室睡沙发吗？

这一年，我开始到市中心上班。

那时没有通宝山的地铁、没有逸仙路高架，

那些年，一路上都在施工，所以公交车很慢，

我的上班路，单程要坐三部公交车。

1998 年

中国人民是不可战胜的！

这年 7 月至 9 月，长江及淮河发生大洪水，

造成 4150 人死亡，经济损失 2551 亿元人民币。

我同事参加过当年九江段大堤决口抢险，

他当时是部队记者，写了好多材料。

当时，单位组织传达关于抗洪的文件，

组织捐款，连日收看电视新闻，

我知道了"垸"字怎么读，是什么意思。

垸 ▶

1999 年

他们的脑子是怎么想的？

这年发生了练功"学员"聚集事件。

这件事我到现在也没想清楚怎么回事。

2000 年

千年虫一定会出问题的。

后来的事实证明，我的担心纯属多余，

这实质上反映出我当时对大趋势判断错误。

这种误判还在于，此后的若干年，

对于购房，总是犹豫不决，

在可以多贷款而不卖旧房直接买新房的情况下，

非把旧房卖了，不贷款或少贷款买房；

在可以多贷款再买一套房的情况下，

怎么也不敢买，还要提前还贷。

趋势 ▶

2001 年

北京欢迎你！

这一年，北京赢得 2008 年奥运会主办权。

2002 年

《一年又一年》

这一年，有一部优秀的编年体电视剧，

《一年又一年》在央视播出。

同样优秀的编年体电视剧还有，

王志文、刘佩琦主演的《无悔追踪》。

多年来，在我家反复播放的优秀电视剧还有：

《我爱我家》《编辑部的故事》《一地鸡毛》《围城》。

我心目中的好电视剧，大部分都在这里了。

老万写过几篇房地产的专报，领导还有批示；他自己却耽误了买房。

哼哼，写归写、做归做，知行不合一。

围城

左下角是《我爱我家》碟片

我爱我家

2003 年

这床被子还是"非典"那年发的呢。

这是前些天洗被子、套被子时，我爱人说的。

"非典"时期，我在指挥部加班写材料，

值班，加班写材料，值班，睡办公室。

为了防止感染，也为了清洁卫生，

单位给每个值班的人配发一床被子，

"非典"结束，被子的产权归个人所有。

2004 年

国家保护合法的私有财产。

2004 年 3 月 14 日，新修订的宪法，

首次明确规定，"国家保护合法的私有财产"。

2005 年

那些年，生活比较粗糙。

仔细查了百度大事记、360 年度大事记，

这一年，实在找不出给我留下印象的家事国事。

那些年，我的日子过得很粗糙吧。

 宪法

2006 年

取消皇粮国税。

这一年，中国大陆农民告别了农业税，

那可是有着 2600 年历史的税种啊！

那些年，每次回老家，都听五叔说"政策好"。

2007 年

啊呀！你这手机背部是圆弧型的吗？

这一年，我看到朋友的新手机发出感叹，

不知道那是苹果的第几代手机。

我在有条件购买录像机的年代，从没买过！

有条件买单反、组合音响时，没买过！

对于衣着穿戴，也长期存在偏见。

少年时的拮据，影响了我大半生的消费观念，

其实，影响远不止于消费领域。

2008 年

风景好的地方都不适合人居。

我在单位参与集中默哀。捐款。

 偏见

· 120 ·

这一年的 5 月 12 日，
汶川发生里氏 8.0 级特大地震。
4 年后我去九寨沟、汶川一带旅游，
深深感到，风景好的地方不适合居住。

2009 年

乌鲁木齐发生暴力犯罪事件。

一年后，我与二十多名同事一起去了新疆，
参加单位组织的对口支援新疆的前期准备工作，
到过新疆喀什的四个县，工作一个月。

2010 年

排队四小时，六小时，八小时。

这一年，上海举办世博会。
我和同事们的生活又一次进入了，
加班写材料、值班、加班写材料、
值班、加班写材料的循环模式。

 对口支援

2011 年

撞火车了。

这一年的 7 月 23 日，温州发生动车组追尾，
造成 40 人死亡、192 人受伤。
当时比较悲观，但这么多年咱的高铁很安全。

2012 年

忽闻海上有仙山，山在虚无缥缈间。

 仙山

这是站在自家阳台上的感受，因为那天有薄雾。

直到这一年我才第一次住上新建商品住宅。

此前的二十多年，我住过农民出租房、

单位工棚式的鸳鸯楼、同事梯次改善的腾退房、

别人淘汰的二手售后公房。

我发现万老师发朋友圈，浦东三件套离得很近。是拉镜头了吗？

不是拉镜头，是拉房价。他想显得他家房子地段好。

2013 年

要不要做点什么？能做什么？

这一年，上海自贸区开始运行。

很多人判断这是又一次发大财的机会，

类似于当年的股票认购证，类似于炒房，

类似于民间借贷兴起的头几年，

反正就是觉得难得的发财"风口"又一次来临，

🔊 腾退房 ▸ 😊 ➕

人人都提前酝酿着能干点什么。

一些人，也许是很多人，还没想好要做什么，

就先在自贸区注册一家公司再说！

此后一两年的情况，似乎低于预期。

2014 年

岗位变动，仅仅是单位内部"平调"。

这一年，万华的工作岗位发生变动，

掐指一算，已经在该部门待了 17 年。

然后，想到这样一个问题：在我职业生涯中，

不会有哪个岗位可以再待 17 年了。

新的部门，仍然延续着之前的工作性质，

一切听从单位分配的惯性、惰性、忍耐性。

仍然从事着我的传统工种，

工作手段、过程、结果都以文字材料呈现。

多年后，也许我会发现，

不！不用等到多年以后，现在就感到，

有一种努力，表现为年龄越增长越努力。

🔊 平调 ▸ 😊 ➕

2015 年

这一年我做了啥？除了加班。

越近的事越想不清楚，越远的事越清晰。

总体上，知天命，也不迷惑。

因为狭隘，少年时留下三大空白点：

体育、武侠小说、音乐。

既不懂足球，也基本不看足球。

近年来反复听二十世纪九十年代流行歌曲,恶补! 特享受!

前一阶段大家悼念金庸，我特孤独!

2016 年

谢谢你转发鼓励!

写公众号之后，我对朋友有了新的划分，

对于给我公众号点赞、打赏、留言、转发的朋友，

万华除了对你发的朋友圈无条件点赞、

有事没事写留言打趣捧场之外，

还没想出什么别的真诚的感谢方法。

写公众号后发觉，友情居然可以量化!

有一定道理，但肯定不准确，

加班

很多朋友是潜水艇，从不冒泡，默默欣赏。

2017 年

今天是大喜的日子！

女儿结婚那天，我把他们的结婚照发到朋友圈，
并写下了以上这句留言。
然后，我在心里感慨，时间过得真快啊！
从三十多岁开始，感觉时间过得越来越快了。

2018 年

你血压偏高哟！

这是本年度体检医生对我说的话。
每一年的体检，越来越不自信。

血压 ▸

2018 年快要过去了，
我又努力工作了一年，
我又认真学习了一年，
我又平凡而踏实地生活了一年。

努力 ▸

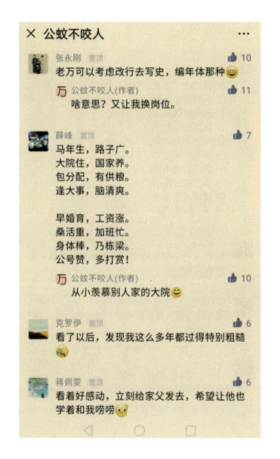

张永刚 置顶   👍 10
老万可以考虑改行去写史,编年体那种😄

万 公蚊不咬人(作者)   👍 11
啥意思?又让我换岗位。

薛峰 置顶   👍 7
马年生,路子广。
大院住,国家养。
包分配,有供粮。
逢大事,脑清爽。

早婚育,工资涨。
桑活重,加班忙。
身体棒,乃栋梁。
公号赞,多打赏!

万 公蚊不咬人(作者)   👍 10
从小羡慕别人家的大院😊

克罗伊 置顶   👍 6
看了以后,发现我这么多年都过得特别粗糙😂

蒋佩雯 置顶   👍 6
看着好感动,立刻给家父发去,希望让他也学着和我唠唠👴

史

郑天添   👍 6
顺产本顺路过

ANDY 申 置顶   👍 4
"上课有时讲话,接受同学批评不够虚心",请对照检查,抓紧整改😁😁

万 公蚊不咬人(作者)   👍 3
一岁看三岁,四年级看到老。

华敏玉   👍 6
我们是CCTV,请问万兄:是什么促使您写这篇美文?谢谢😊

万 公蚊不咬人(作者)   👍 14
因为爱情💝

洪晓敏   👍 8
纪念改开最生动有趣的文章,体例创新、深情饱满!

因为爱情

公蚊不咬人

名将郑弋科 👍 4
老万的文字和围城的风格很像，可惜处在这
个渴望的收视率秒杀围城的时代

公蚊不咬人

笑容 👍 4
我想看老万的书法😁

杨颖华 👍 4
老万四十年

尘世飞扬 👍 4
喜欢这文字。🌞☕

chenhm 👍 4
老万四十年、祖国四十年！青春的老万、年
轻的中国！每每看到老万执着于为民服务，
我这个"逃兵"总觉惭愧。祝老万再年轻四十
年，祝中国再腾飞四十年💰💰💰

万 公蚊不咬人(作者) 👍 4
我有本事我也逃。

名将 ▲

燕
半夜三更还在挑灯夜战写报告😖
😖，发图纪念疯狂的自己！

2017年7月29日 01:05 删除

e Lam... 2017年7月29日 01:07

2017年7月29日 01:10

请客哈😊

2017年7月29日 01:17

看着这个标题就头痛

挑灯夜战 ▲

打样篇

上一篇，分析了讲话稿写作要领，
但题材主要局限于物业服务管理，
从教学的角度来说，这样做是有利的，
俗话说，写十篇不如改一篇；
但从初学者的需求来说，仍然有不足，
因为实际碰到的应用场景很多，
同类题材虽然有思路了，换个题材又抓瞎。
所以，这一篇要多举例子多打样。

打样

【万华的网友在加班】

有光

第 12 章
年度例行讲话稿怎么常写常新

万华有个朋友，也在地方政府办公厅工作，
他们办公厅，承担一项年度例行工作，
就是抓市政府实事项目的立项和推进。
按惯例，每年初都要开部署动员会，
他也参与起草领导部署动员会的讲话稿。
下面，万华用第一人称转述。

实事项目，是大多数城市的传统项目，
延续了十几年甚至几十年，
每年初的部署动员会也少不了要开，
领导的讲话稿年年要写，
这种例行的讲话稿，怎么写出新意？

某项工作，虽然年年大同小异，
写讲话稿就要立足于这样的心态：

大同

大同的部分，重复是不可避免的，
不应该抱着过于抗拒的态度，
不要觉得有的提法年年重复挺腻的，
这些项目的宗旨没变，都是服务民生，
这些项目向老小旧远倾斜的总体要求也没变，
总是雪中送炭，解决群众的急难愁盼，
这样的工作方针和原则，值得重复写。

当然，每年都要找到年度的小异，
比如，2019 年有两个小异，
一是换了新的市长，而且新市长对此有批示，
二是实事项目征集的方式有拓展，
最初是线下调查问卷，后来是网上征集，
再后来增加了在移动终端征集意见。
围绕这两个小异，可以写一大段：

（开场白，略）我都赞同。下面我讲几点意见。

一、市政府实事项目越来越受到各方重视，各部门

小异

必须进一步增强责任感、使命感和团结协作精神

以市政府实事项目为载体，每年限时完成一批与市民群众生活密切相关的民生项目，这一重要的制度安排从 1986 年至今已经实施了 33 年。从近两年的情况看，这项传统工作越来越受到各方重视和瞩目，越来越显示出了强大的生命力。**一是市政府领导高度重视。**庆丰同志担任市长以来，在各种会议上多次强调实事项目的重要性，并且批示："……"今年的实事项目中，有 3 项是根据庆丰市长提议、经市政府常务会议审议后列入的。在今年实事立项过程中，各位副市长、副秘书长都非常重视，有的召开专题会，对分管领域的项目进行充分论证；有的做出批示，要求项目更加体现广覆盖、普惠性特点；有的要求有关部门加强项目后续运维，形成长效机制。**二是市民的参与面显著扩大。**今年的立项工作，除了沿用线下的实地调研、群众座谈会方式，线上的门户网站征集意见建议外，还创新使用了"一网通"移动终端，参与的群众比往年增加 3 倍。群众的参

与热情和热切期盼，是我们做好这项工作的更强大动力。**三是代表委员持续高度关注。**近年来，本市"两会"关于实事项目的建议提案数量一直占很大比重。其中，多层住宅加装电梯列入实事项目，是代表委员持续多年关注的热点之一。有的代表委员对实事项目工作机制的进一步健全完善，提出了很好的意见建议，这些都是进一步做好这项工作的外部监督和促进，要把这种压力转化为工作动力。

近年来，各部门和单位从实事立项到工作推进落实，都高度重视，工作积极主动、优质高效。我相信，只要各部门继续保持和发扬这样的责任感、使命感和团结协作精神，就一定能高质量、高效益完成今年的市政府实事项目。

二、不断探索创新、完善机制，更好地把实事办好、把好事做实

一是完善实事项目工作的协调推进机制。（略）

二是进一步加强机关服务基层意识，提高实

普惠性

外部监督

事项目推进工作的权威性、有效性。（略）

　　三是始终坚持规范操作，严把安全关、质量关。（略）

　　　　以上"怎么看"部分，共三条，
　　　一是领导重视，二是市民参与面扩大，
　　这两条是新的，再凑一条旧的，代表委员关注。
　　另外，这个稿子是副秘书长或厅（副）主任讲，
　　　　在行政级别上，与参会人员差不多，
　　都是厅（副）局级，因此语气上不能太居高临下，
　　　　　　比如，在要求加强责任感的句子前，
　　　　　先肯定近年来已经做得很好了，
　　　　而且"我相信"可以继续保持和发扬。
　　这与前几章副区长对房管局和街镇提要求相比，
　　　　　　　语气上，调门上降了八度。

　　　　　请注意，第二大块的第三点，
　　　　　安全生产，质量，也都属于大同，
　　尽管年年要讲，但是不能厌烦，必须写。

语气

　　整个第二大块，从小标题可以看出，
　　都是机制、规范性等方法论层面的要求，
　　　而不太涉及具体项目怎么实施的问题，
　　这就与住建委负责人的布置工作区分开了。

　　今天，刚才，突然发现，当时漏了一点，
　　2019 年是新中国成立 70 周年大庆，
　　这么大的背景情况应该写进去。当时漏了。

　　那么，2021 年的小异是什么呢?
　　建党 100 周年，"十四五"开局，
　　　还有个最大的新情况，疫情防控。
　　下面，把这篇讲话稿的节选内容贴出来:

疫情防控

在2021年市为民办实事工作部署动员会上的讲话提纲

庆丰市政府副秘书长　李万山

2021年1月28日

同志们：

按照市委、市政府部署要求，根据庆丰同志关于"……"的批示精神，市政府办公厅、发改委、市住建委会同各相关部门和各区，努力克服疫情带来的不利影响，2020年市为民办实事项目全面提前超额完成年度目标。在此，我对各部门、各区以及所有建设单位和所有参与这项工作的人员表示衷心感谢！

今天，我们召开2021年市为民办实事项目工作部署动员会，主要是进一步统一思想、明确任务、压实责任，全力确保今年市为民办实事项目工作开好局、起好步。刚才，市住建委总结了去年工作、部署了今年工作，并就抓好今年项目

开好局 ▶

建设提出了要求，市某部门、某部门、某区政府介绍了各自的经验做法，并对抓好今年实事项目工作表明了信心和决心，讲了工作思路和措施，都很好。下面我讲几点意见。

第一，要切实提高政治站位，把为民办实事项目作为精品工程、献礼工程

今年是中国共产党成立100周年，是全面建设社会主义现代化国家新征程开启之年、"十四五"的开局之年，在当前统筹疫情防控和经济社会发展的背景下，市为民实事项目不仅是一项重大的民生工程，更是稳增长、促投资的重要手段，具有重要的示范引领作用。各单位要以强烈的使命感、责任感，认真践行"人民城市人民建、人民城市为人民"重要理念，狠抓项目落实、提高工作标准，务求把实事做实、把好事办好，将市为民办实事项目打造成市民满意的精品工程、庆祝建党100周年的献礼工程。（略）

第二，要继续按照当年立项、当年完成的目标，倒排时间节点、加强统筹协调，确保后墙不倒

献礼 ▶

去年，实事项目在开局受疫情影响一度进展滞后的情况下，各单位从四月底开始，打破常规调整工期、持续用力抢抓进度，取得了提前超额完成年度任务的显著成绩。今年，我们从立项决策阶段就要按照可能出现疫情反复的情况打好提前量、做好留有余量的计划。市政府办公厅、市住建委要紧盯工作目标抓协调、抓推进，要把每月通报进度、及时推进解决困难问题等好的机制经验坚持下去，遇到困难要及时反馈，我协调不了的，请有关领导指导协调；市发改委、市财政局要按照既定预算和补贴标准及时拨付，保障资金跟得上进度；各牵头单位务必早部署、早启动，凡是涉及区的项目，要尽早把任务细化分解到区，倒排工期节点、列出进度计划，加强市区两级跨部门联手协作，完善合力推进机制。（略）

第三，要强化项目安全工作、质量工作和文明施工，加快健全常态长效管理机制

安全和质量是实事项目的生命，是红线，也是底线。各单位要始终绷紧这两根弦，拧紧安全

阀、把牢质量关，特别要结合全市疫情防控形势，强化施工现场精细化防控，切实打造好实事项目的"金字招牌"，确保经得起群众和历史的检验。许多项目在住宅小区施工，有的项目要入户施工，必须高度重视文明施工，尽可能降低对居民生活的干扰。同时，要健全完善实事项目工作的长效机制，对于政府补贴一次性建成，后续运营维护需要持续投入的项目，应当在立项时就充分考虑好后续维护责任主体、运营资金安排等。（略）

第四，要进一步加强市为民办实事项目宣传力度，持续提升市民群众获得感、满意度

去年，市为民办实事项目测评总体满意度94分，创出了新高。但从各单项满意度看，有的项目完成率很高，满意度测评分数却落在了后面。我想，这个现象既是对进一步提升项目建设质量的督促，也反映出一些牵头单位对项目的宣传力度还不够，导致显示度不足，成效没能完全得到展现。在日前召开的市委宣传思想工作领导小组会上，某某书记对民生工程的宣传工作提出

 弦

 金字招牌

"要用一件件民生实事，用一点一滴变化，见人见事见精神"，希望各单位按照某某书记的要求，进一步抓好项目的宣传，利用好包括移动终端在内的各类媒体平台，把日常宣传与集中宣传、面上宣传与专题宣传相结合，把宣传贯穿到项目实施的全过程，不断提高市民群众的知晓率、获得感、满意度。

最后，希望大家通过今天的会议，思想上再重视，行动上再提速，机制上再完善，落实上再加压，共同努力将今年的市为民办实事项目工作推上一个新台阶。

为民办实事工作，2022年有什么新的小异？

还确实有！而且是大异，不是小异，

从上到下，对实事项目的重视程度，前所未有！

上级要求，为民办实事必须列入党史学习教育内容，

这是从上到下的"规定动作"，必须写，

同时，各单位结合党史学习教育，还有"自选动作"。

那么，2022年的部署动员讲话稿大致可以这样写：

 自选动作

（开场白，略）我都赞同。下面我讲两点意见。

一、把握新形势、新要求，进一步增强做好为民办实事工作的责任感、使命感

一是市委、市政府的重视程度前所未有。（略）

二是广大市民的热情和参与程度前所未有。（略）

三是代表委员的关注程度前所未有。（略）

二、不断探索创新、完善机制，全力以赴把为民办实事工作办好、办实、办出特色

一是加强沟通联络机制。（略）

二是完善协调推进机制。（略）

三是严格验收把关机制。（略）

2022年框架，与2019年具有相似性，

但请别"杠"，不要过分排斥大同。

 前所未有

【万华的网友在加班】

媛
今年的节日，
有不同以往的样子

大家都要平平安安的呀

上海·上海市疾病预防控制中心

2020年3月8日 20:48 删除

• •

🔊 平平安安 ▸   😊 ⊕

请在此写下你的阅读感受，拍照发给万华，
本书加印时会将你的留言印在书里，
让后续的读者感受你的感受。

🔊 加印 ▸   😊 ⊕

第 13 章
国庆致辞能写出什么新意

许多地方，每年要开国庆招待会，
有的企事业单位也开，文秘要写致辞，
这是最典型的年度例行讲话稿。
如果领导让文秘新人起个初稿，
假如不提示、不模仿，应该怎么构思？

小孩子过生日，一般要吹蜡烛吃蛋糕，
吹蜡烛前，要许个科幻的愿望，
比如，将来要当科学家，要得诺贝尔奖。

下辈子投胎决不写材料！！！

致辞

如果是注重仪式感的中老年人，
会在生日宴上说很长一段话，
总结前半生含辛茹苦把儿女拉扯大，
展望退休后的天马行空的生活，
出行，游山玩水，尝遍人间美味，
归来，扑克麻将，花鸟虫鱼。

下半辈子没啥奢望
只盼早点有第三代

老百姓过生日，无非回顾 + 展望。
国家过生日，地方领导讲些什么？
那就是（回顾 + 展望）×2=4 项内容：

国家发展的回顾，
本地发展的回顾；

第三代

国家愿景的展望，
本地愿景的展望。
当然，并非截然分开写四大段，
有的内容可以揉在一起写，
一省一市，是国家的有机组成部分。
然后，加上开头一段问候和感谢、
结尾一段，提振信心的结束语，也就是口号。
所以，国庆致辞的结构可以这样搭建：

问候和感谢！
国家发展的回顾，
本地发展的回顾；
国家愿景的展望，
本地愿景的展望。
结束语。

当然，这类材料大家都知道，
可以找去年、前年的稿子来参考。
万华找了西南省 2019 年的国庆致辞，

其中，国家发展回顾这段是这样的：

> 70 年披荆斩棘，70 年风雨兼程，在中国共产党坚强领导下，中华民族迎来了从站起来、富起来到强起来的伟大飞跃。进入新时代，以习近平同志为核心的党中央高瞻远瞩、掌舵领航，团结带领全党全国各族人民，更加坚定、更加昂扬地走在实现"两个一百年"奋斗目标的广阔道路上。今天的中国正无比自信地迎来中华民族伟大复兴的光辉前景。

看了这个段落，万华既佩服，又绝望！
想在此基础上再优化、再创新，空间不大了，
想压缩篇幅？也几乎没有余地。
分别用站起来，富起来，强起来，
指代咱们国家特定的历史阶段，
也指代本届以及往届领袖或领导集体，
避免了列出名单、篇幅过长问题，
同时，还避免了写谁不写谁的问题，

当然，这种政治性很强的提法，
一般要从上级机关材料中找出处。

另外，万华盯着这个段落的两处细节，略有疑惑：
一是觉得"迎来了"用在这里好像要斟酌。
迎来了，时态上，是现在进行时，
其中的"强起来"，确实是现在进行时，
但"富起来"可以是进行时或完成时，
而"站起来"毫无疑问是过去时，
所以，迎来了无法覆盖这三种时态。

二是这段开头的引导短语有疑问。
70 年披荆斩棘，70 年风雨兼程。
乍一看没什么，仔细看呢？

大多数致辞、讲话稿都有引导短语，
甚至每个段落的开头，都可以出现一个引导短语。
比如，2020 年，全国各地支援湖北抗击新冠疫情，
湖北省《致兄弟省区市的感谢信》共四段文字，

时态 ▶

第二段和第四段各用了一个引导短语：
"一方有难，八方支援"，比较常见常用；
"荆江情深，黄鹤绕枝"，带有地域色彩。

又比如，某单位给员工家属的慰问信中，
引导短语是"披星戴月寻常事，一枝一叶总关情"，
这个短语，我理解有双重含义，一方面，
员工披星戴月加班加点，总是关着客户的情；
另一方面，员工在单位的情况也关着家属的情。

那么，在地方党委政府的国庆致辞中，
用在回顾发展历程段落的短语有什么特点？
万华认真查了更多省市的国庆致辞，
发现，回顾段落引导短语差不多写成这样：
70 年砥砺奋进，70 载风雨辉煌。
70 年峥嵘岁月稠，70 年神州气象新。
……

有风有雨有阴有晴，但是结尾是晴，
于是，试着对这类短语建模如下：

建模 ▶

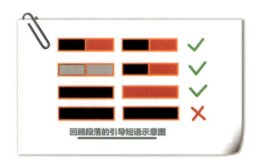

回顾段落的引导短语示意图

其中，前三种可以任选其一，
而第四种显然不符合历史实际，
70 年来全是风雨、全是荆棘吗？
这也不符合辩证唯物史观啊。

以上分析了"引导短语"和"回顾"的写法，
下面再看"感谢和问候"部分的写法，
仍然是西南省的国庆致辞：

金秋硕果飘香，神州喜气洋洋。今晚，我们
欢聚一堂，共同庆祝伟大的中华人民共和国成立
70 周年。我谨代表中共西南省委、西南省人民

硕果

政府，向全省人民和所有关心支持西南发展的朋
友们，致以节日的问候，表示衷心的感谢！

看了这个段落，万华更觉得自己无能！
除了开头 12 个字的引导短语可以求新求变之外，
其他每一句都改不了，无从下笔。
于是翻看有的公司往年稿子的引导短语：
前一年：秋风送爽，国泰民安。
再前一年：金风送爽，丹桂飘香。
再再前年……再再再前年……
这一段，难道只能改引导短语吗？

作为读者，万华并不喜欢每段都要赋比兴，
这样的引导短语，怎么看都看不出新意，
真想建议省略引导短语，直奔主题。
但是大家都习惯了写引导短语，那你也得写，
请注意！国庆招待会大多晚上开，
描写白天景象的词语不太合适，
比如，天高云淡就不合适。

赋比兴

有的虽然是描写晚上的，但也要慎用，
比如，彩云追月敢写吗？晚上下雨咋办？

天气预报不准就惨了！

如果嫌四平八稳开头太老套，
想别开生面、写出新意，行不行？
正好，我最近接触到一本书：
《像丘吉尔一样演讲，像林肯一样站立》，
作者是美国人，詹姆斯·C.休姆斯，
他说，演讲开头最好不要出现问候和感谢，
完全符合预期，就缺乏吸引力。
好吧，万华试着改一下开头，
就以某个有着红色基因的城市为例：

基因

今晚，我们在这里集会，此时此刻，我的耳畔仿佛回荡着七十年前天安门广场上庄严宣告中国人民从此站起来的民族最强音；我还不免想起从九十八年前开始，一批中华民族的先进分子，在我们这座英雄的城市奋斗、牺牲……

这段文字，有画面、有声音、有联想，
从 1949 年上溯到 1921 年，
把建国与建党联系在一起，
阐释了没有共产党就没有新中国。

这样创新的开头，是不是还不错？
从形式到内容，都比往年新颖，
但是，有几个问题需要斟酌：
问题一：这样写会不会太感性，
市长个人的代入感太强，合不合适？
毕竟开国大典也没亲自参加。

问题二：可能要改变全文的框架。

感性

这样开头之后，问候感谢段落无处安放；
只能顺势而为，写发展历程回顾。
如果硬是要接着写问候感谢段落，
那么需要加一些转换的句子，过渡一下，
转来转去，绕一大圈子，
不但文稿的"气韵"不畅通，还增加了篇幅；
所以，只能把问候感谢的段落挪到后面，
放在总结成绩之后，逻辑上更顺。
就这么点创新，引发全文结构的大调整，
算了算了，还是按老结构写保险。

问题三：去年是创新了，今年呢？
此时此刻，我还不免想起从九十九年前……
然后，明年、后年怎么写呢？
不免想起从一百年前……一百零一年前……
经过以上这样一分析，很明显了，
年度的致辞，想要写出新意实在太难了！

古代的八股文有固定的结构，

八股文

八股文本身其实是中性的；但是，
现在一般把反复出现的结构称为八股文，
因为它没有超出受众的预期，
所以就没有新鲜感，没有吸引力。

周期性例行举办的会议、论坛等活动，
如果说这种场合的讲话稿很容易写，
那是因为有往年的材料可以参考；
其实，这类讲话稿非常难写！
难就难在怎么摆脱年年岁岁花相似。

用短句子就落入俗套了，比如，秋天用天高云淡，丹桂飘香，这种是传统开头，没啥意思。
我建议这样开头：各位领导、各位来宾，大家上午好！我今天的心情特别好，也相信并祝愿各位的心情都很美好。其实，今年开春以来，我发现我们所生活的上海这座城市，不但经济社会发展势头越来越好，花事也越来越繁盛了，前阶段的樱花，海棠，特别是这几天高架上的月季和玫瑰开得特别鲜艳，形成了鲜花的彩练。在这样美丽的春夏之交，我们迎来了服务中心启动的大喜日子。我谨代表……

服务中心

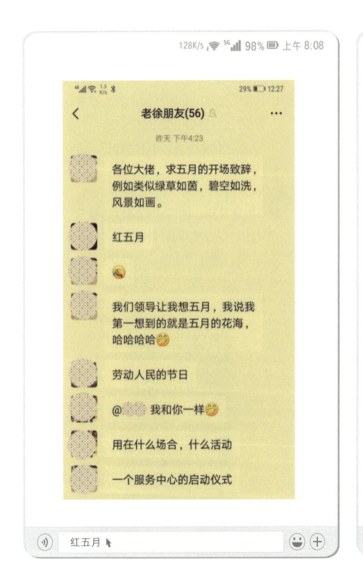

老徐朋友(56)

昨天 下午4:23

各位大佬，求五月的开场致辞，例如类似绿草如茵，碧空如洗，风景如画。

红五月

我们领导让我想五月，我说我第一想到的就是五月的花海，哈哈哈哈🤭

劳动人民的节日

@ 我和你一样🤭

用在什么场合，什么活动

一个服务中心的启动仪式

红五月

【万华的网友在加班】

朋友圈

7分钟前

胡继风
我可能是除夕这天下班最早的人

10分钟前

高贵海燕: 新年快乐！

除夕

第14章
大领导参加的座谈会
小萝卜头怎么发言

一年半前，某单位开展公文培训，
问我什么培训方式比较有效。

能够提出这样不像问题的问题，
说明这个单位的办公室主任思路清奇，
这样的单位，万华特别愿意去做交流。
能够提出这样的问题，至少说明，
他们对之前培训模式的有效性持怀疑态度，
主要讲概念、缺少互动实操的培训，效果有限。

万华建议，先写命题作文，然后当堂点评，
这种培训最有颠覆性，印象也最深，
也就是说，他们常写的自以为不错的材料，
在课堂上居然被批得一无是处。

实操

因为万华出的题目，看上去稀松平常，
但是每一道题都是送命题。

> 1/1 模拟情境：
>
> 年初，你被所在单位（比如三级公司）指派到上级单位二级公司的疫情防控指挥部工作。几个月后，疫情防控转入常态化，该指挥部的机构和人员缩减，部分工作人员圆满完成既定任务，将返回原单位岗位。指挥部为先期撤回人员举行一个欢送座谈会，届时将有更上级单位一级公司领导出席，主办方要求"争取每人都在会上说几句"。
>
> 请将你准备在座谈会上的发言内容写出来。

真抱歉！虎年快来了，疫情总在反复，
讲解这篇例文，就当是预测，
祈祷很快就会清零，生活正常化，

常态化

而且，有效的疫苗和特效药物很快就有了，
全球范围的疫情即将全面消除，
国内游、国际游都开通吧！
那些好吃的、好玩的都别再被辜负！
万华订的春节回乡高铁票不至于退订。

> **1/1 写作提示：**
> ①
> 今年参与了疫情防控临时机构
> 工作的，请结合实际写；②没参与
> 的，可以脱开疫情防控主题，按以
> 往借调其他临时机构工作的经历，
> 脑补一次自己在座谈会上的发言；
> ③从未参加任何临时机构工作的，按
> 照单位写材料惯例写。两三百字为
> 宜，不超过500字。

拿疫情防控指挥部出题，公平吗？
没参加指挥部工作的人怎么办？
就按单位写材料的一般套路写。

疫苗 ▸

尊敬的各位领导，亲爱的同事：

根据组织的安排，我即将从疫情防控小组回到原岗位了，此时此刻，千言万语不知从何说起，或者以下几句话最能表达我现在的心声：

第一句话是怀念。 怀念与各位领导、各位同事一起工作的这几个月的日子！怀念我们一起众志成城抗击疫情而一起挑灯夜战的感动！怀念克服重重困难最终完成组织交代的任务（疫情防控转为常态化）后的那一份喜悦！

第二句话是感谢。 感谢各位领导一直以来对我的关心和帮助！感谢各位同事由始至终对我工作的大力支持和积极配合！记得当初刚调到这边来的时候，面对的困难很多，我正担心工作不知从何开始的时候，大家的热情帮助和默契配合，使我迅速适应新的岗位和工作！借此机会，让我再一次衷心地向大家讲句：多谢！

第三句话是祝福。 祝福公司再创辉煌！目前面临疫情可能会有许多困难和压力，但是我相信，在总公司领导的大力支持和正确领导下，各位同人团结一致，同心协力，公司的明天一定会更美好！

最后，我相信只要我们永远充满关心，充满真情，充满温馨，终将彻底战胜疫情。

怀念 ▸

答卷收上来一看，大都写虚了，
完全符合预期的，好像一篇都没有！
基本算是写在路子上的，仅一两篇。

下面，选取几篇答卷分析点评，
图片中的文字比较小，
也不值得你逐字逐句认真看，
建议你重点看画线标记部分，
其余内容浏览一下就行。

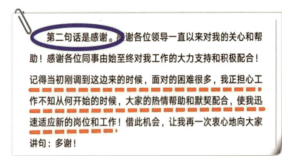

第二句话是感谢。……谢各位领导一直以来对我的关心和帮助！感谢各位同事由始至终对我工作的大力支持和积极配合！记得当初刚调到这边来的时候，面对的困难很多，我正担心工作不知从何开始的时候，大家的热情帮助和默契配合，使我迅速适应新的岗位和工作！借此机会，让我再一次衷心地向大家讲句：多谢！

这一篇，从结构上看，分三大块，
三个关键词：怀念、感谢、祝福。

困难

通篇充满激情，语句也通顺；
但是，都是务虚、脱离工作发感慨，
对下一步工作没有参考价值。

中间画橘红线部分提到了困难，
这是全文最写实的一句话，
具体遇到什么困难？又是怎么解决的？
如果展开写，可能有价值。可惜啊！
一点实际工作场景也没提到，
整个稿子就像一篇抒情散文，
而疫情远未结束，不到抒情的时候。
再说，总公司大领导在场，
座谈发言要简洁，说点有用的，
句子的颗粒度不能粗，像素要高。

定会更美好！
最后，我相信只要我们永远充满关心，充满真情，充满温馨，终将彻底战胜疫情。

颗粒度

充满关心，充满真情，充满温馨，
三个意思相近的词语排比铺陈，
这在动员讲话中，可以增强感染力，
那是上级对下级、老总对员工开展动员；
而现在是基层员工向大领导谈感想，
应该谈什么？我后面会分析。

就说从疫情防控工作的角度看，
仅仅充满关心、真情、温馨，远远不够！
这只是战胜疫情的必要条件之一；
充要条件至少还应该包括：
科学预判、精细管理、严格防范。
对比上下两组红色字体的词语，
同样十二个字，上面的只表达了一层意思；
而下面的却表达了三层意思，
下面语句的像素是上面的三倍。

下面的这篇，也是类似问题，
不必细看，随便瞄一眼就行了：

排比

尊敬的各位领导，同事们：

大家好！很荣幸被选派进入疫情防控指挥部。作为一名党员，在过去的三个多月里，我与指挥部的同事们始终坚守在抗疫的第一线，参与了抗疫工作的全过程。在工作中，我们认真贯彻上级思想，将目标任务分解到具体的岗位和个人，真正做到以责任促落实，形成一级抓一级，层层抓落实的工作局面。

今年的春节尤为特殊，新冠病毒以武汉为中心呈辐射状迅速席卷全国。在这样的背景下，防控指挥部迅速响应号召，积极开展自查自控，迅速制定防疫防控措施并开展自查，合理组织生产和复工工作，并编制了突发情况应急预案等。

工作期间，指挥部就在湖北逗留接触史员工每日健康情况、公司发热员工情况组织快报，开展内部疫情报告每日零报制度。明确对有湖北逗留史，有湖北来访亲友接触史及有体温异常员工进行隔离14天观察的工作要求。目前为止，公司员工全覆盖统计未发生新型冠状病毒感染肺炎的疑似及确诊病例。作为指挥部的一员，我感到十分自豪。

这次参与疫情防控工作的经历是我人生中一次宝贵的经历，在疫情来临之时，公司上下一心，大家群策群力，互相配合，为打赢疫情抗击战打下了坚实的基础。我坚信，只要大家团结一致，没有什么困难能够难倒我们。谢谢大家！

自查自控

画蓝线部分的内容，我相信，

已经众所周知，大领导早就知道了，

没必要在这个场合重复。

向下动员部署，可以排比、铺陈、渲染；向上汇报要简明扼要、捞干的。

以上两篇的共同不足是，

篇幅太长而没什么实质性内容，

抒情成分太多，而写实不足，

写实际工作的部分，往往浅尝辄止，

顾及面面俱到，而没有讲哪怕一个小事例。

而下面这篇，简洁倒是简洁，

但是语气或者说角度不对。

这篇稿子有个最大的硬伤，

把自己在座谈会上发言称为讲话，

这不符合目前官方话语体系的规范。

这个问题在本书前文分析过。

硬伤

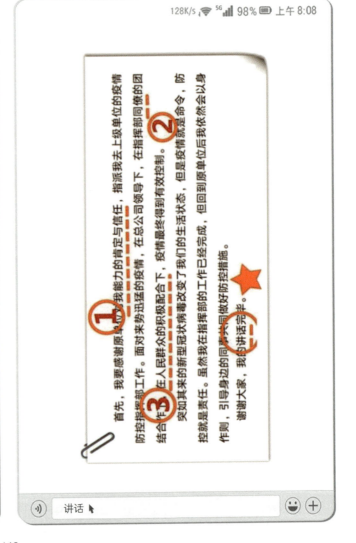

讲话

这篇短文还有 3 处值得商榷：

第一处： **感谢单位对我能力的信任。**

如果被派到指挥部的重要岗位，

比如，担任部门负责人以上职位，

没问题，可以认定为被信任；

如果不是，那说明对自己的定位不准。

被派到临时机构的，多数情况下，

属于原单位"中不溜"的人员！

这样说好像比较残忍，但没办法。

第二处： **同僚这个词要慎用。**

一般常用于中层干部之间，

如果作者确实是中层干部，

那么，以上两处都勉强可以成立。

第三处： **在人民群众的积极配合下。**

人民群众对应的词是党和政府，

企业中层负责人在少数场合可以用。

过去的几个月，对我来说是很不平凡的一段时光。突如其来的疫情让所有人措手不及，正常的工作与生活节奏随时可能面临崩溃。在这样神经紧绷的氛围中，我单位反应迅速，将疫情防控工作布置到位，并逐步常态化，这离不开领导和同事们的奋战与坚守，在这里，我真诚地向各位说一声：辛苦！谢谢！

指挥部是一个团结奋进友爱的团队，将来不管我在哪个单位或岗位工作，我都不会忘记我在指挥部的岁月，不会忘记领导、同事、"战友"们的关爱。我也期望，不管何时，只要组织需要，我都随时响应号召，继续为这个团队贡献微薄之力。

最后，在国内疫情形势稳定向好之际，我送上最真挚的祝福，祝各位工作顺利，家庭美满，身体健康。谢谢大家！

这篇的问题也是对自己的定位有问题，

两处画橘红线的句子都像慰问。

哦？那么多人写得像中层干部口气，

说明参与这次公文培训的这批学员中，

可能确实有一部分是中层干部。

但是，我要说，自己即便是中层，

在大领导在场的座谈会上，

还是先别急着慰问员工了吧，
要谈疫情防控工作，要谈工作！
要讲疫情防控中的具体工作事项！
总公司的大领导好不容易抽出时间，
应该让他听到有利于改进全公司防控工作的建议，
而不是漫无目的四处慰问和感谢。

如果说前面几篇都不太合格，
那么，下一页的这篇稍微像点样了。

画蓝线的句子，表达了同理心，
虽然谈不上对工作有什么帮助，
但是让人觉得这是正常人该说的话，
不像之前几篇，官方味道太浓。
画绿线句子表明自己在指挥部的岗位，
大部分答卷都没提到这一点。
画橘红线的句子可以反映出，
这是一位工作上比较细心的员工，
这在疫情防控工作中非常可贵。

各位领导、同事，下午好：

今年初的疫情牵动了全国人民的心，其实刚开始时我并没有太在意这个疫情的发展，因为武汉离我很远，而"瘟疫"这个只出现在历史书中的词在我看来也离我很远。直到领导指派我到上级单位疫情防控指挥部参与工作时，我才意识到如果没能及时做好防疫防控工作，那么想象中那遥远的词可能就要出现在我身边。

在防控指挥部，我主要参与的工作是防疫物资的领取记录工作，当全国都处于防疫物资紧缺的时候，物资管理分外重要，相关物资应当重点保障一线作业人员，每日需要对应急物资进行清点并记录，对于从上级领到的物资以及发放给下级单位的物资更需要仔细记录。在这个过程中，让我学习到越是紧急的事情，越要理顺思路静下心去做，切不可手忙脚乱。

最后还是要感谢领导的信任并且给予我这次机会，既为防疫工作出了一份力，更是锻炼了自己的工作能力。

基层的材料还有个特点，喜欢宏大叙事，
一上来，起笔就写"牵动了全中国人民的心"。

　　大家好，我是xxx，感谢防疫指挥部给了我这样一次机会，让我和大家共同学习，感触良多。下面向大家汇报一下抗击疫情期间我的一点体会和感触：

　　岁末年初，一场来势汹汹的新冠病毒肆虐武汉，席卷全国，一场关系人民群众生命安危的疫情防控战如火似荼进行，集团防疫指挥部迅速响应号召，及时成立，迅速加入战斗。盛世之下，总有人为万家灯火负重前行，当我听闻指挥部人手不够时，虽然内心也担忧自己万一中招，会波及家中年幼的孩子和年迈的父母，但我仍然义无反顾地申请加入到抗击疫情的战斗中。

　　在这段时间里，每天清晨，孩子还在睡梦中，我已从家中出发，夜晚，为了避免与孩子密切接触，回家依然戴口罩，变成孩子口中的"蒙面骑士"；由于温度计不太灵敏，在为进出人员测体温时，通常都要近距离才能测到，碰到不理解的人员还要借机刁难，甚至摘下口罩表达他的心声，这时，我还必须表现出镇定自若；有时，因为协助转移人员，与发烧病人有过频繁的近距离接触，又害怕自己消毒做得不彻底，干脆在家门口坐等父母和孩子休息后再进家门。

　　四个月来，在值守过程中，我按照防疫指挥部要求，和同事们并肩战斗，为打赢这场没有硝烟的战争做出了应有的坚守和贡献，谢谢大家。

汇报

　　这批答卷中最好的是上页这篇，
它有好几处可圈可点。
在分析这篇的优点之前，
请再次审题，看看下图的出题意图，
万华出的这道题，暗含几个考点：
一是发言者与倾听者的层级差距很大，
大领导基本上不会认识你，
所以，每个人开头应做自我介绍：
原来什么岗位，在指挥部什么岗位，
来自哪个单位，叫什么名字。

　　二是只能说几句，发言必须简短。
三是要联系疫情防控常态化背景，
从应急状态转向常态化后，
工作体制机制必然相应发生变化，
你对防控工作有什么建议。
这部分内容最能体现业务水平，
也是万华批阅评分中权重最大的部分。

考点

模拟情境：

年初，你被所在单位（比如，三级公司）指派到上级单位二级公司的疫情防控指挥部工作。几个月后，疫情防控转入常态化，该指挥部的机构和人员缩减，部分工作人员圆满完成既定任务，将返回原单位岗位。指挥部为先期撤回人员举行一个欢送座谈会，届时将有更上级单位一级公司领导出席，主办方要求"争取每人都在会上说几句"。

请将你准备在座谈会上的发言内容写出来。

小白

有意见或建议平时为什么不提，临走了才说？

万华漫话

谁说谁做、谁提问题谁解决。

说几句

最后这份答卷有几处可以加分：

一是做了自我介绍，展示自信。
不要觉得自己人微言轻，
你的发言是轻还是重、有无价值，
不是看职务，主要看内容。
二是讲了自己主动请缨的事，
在大领导面前适当表功无可厚非，
有助于领导了解队伍精神状态。
三是写了三个生动细节，
尤其第三个，到家门而不入，
让人产生在楼道徘徊的画面感，
好的事例、小故事一般自带画面感。

向大领导汇报，既要尊敬领导，也要自尊自信。

不足之处是没有提工作建议。

请缨

你想啊，常态化意味着还没结束呢，
大领导抽时间参加座谈会，
表示慰问和欢送只是一方面，
他更想听到对下一阶段工作的建议，
而怀念、感谢、祝福的话尽量减少，
要珍惜宝贵的机会，说细节、说事例。

大领导出席的疫情防控座谈会，
普通员工发言模板：
自我介绍 + 细节和感受 + 工作建议

这 3 块的篇幅大致是：1：3：6，
有细节、有小故事最好！
谈感受，有话则长、无话则短，
重点是建议，领导是来听建议的。
2020 年春节，万华被叫到指挥部上班，
还是老本行，一直做信息简报工作，
转入常态化后被叫回原单位，
当时没享受过大领导出席的座谈会，

 建议

这里脑补一篇座谈发言稿：

尊敬的某某总、各位同事，大家好！

我来自文山分公司的慧海公司，我叫万华。大年初三指挥部成立，我是第一批进驻的，在综合协调部的信息简报组，工作内容和我原岗位很相近。简洁而清晰的自我介绍。

刚开始，我和小组两名同事一起，每天出一期简报，但很快发现，疫情防控形势瞬息万变，每天一期无法确保领导及时掌握情况，于是我向某某领导提出一天出两期、遇到急事出增刊的想法。表明了自己奋发有为、自我加压的精神状态。某某领导非常支持，当天就给我们简报组增派了1 名同志，并对简报如何围绕中心、服务疫情防控工作大局提出了具体要求。在更上级领导面前提到自己的直接领导，比一般的客气话效果更好、分量更重。

工作成果的数据尽可能统计到今天为止。我刚才算了一下，加上今天上午这一期，我们简报

 自我加压

累计出刊220期，得到各级领导批示53条。如果与在座的大领导有交集，再好不过。其中，某某总您的批示我非常留心，共有5条，有一条我印象特别深，4月3日下半夜您办公室传真过来您关于某事项的批示。这个小故事表明，大领导也工作到下半夜啊。综合协调部接到您的批示后立即抓落实，及时扭转了局面。领导英明神武，批示立竿见影！

回顾4个多月来的工作，我虽然基本上没有休过礼拜天，但是看到各级领导带头、大家都在连轴转，也就不好意思说什么了。作为小组负责人，自己没休息点到为止；要把普通员工到家门而不入的生动事例说出来。我最大的感受是，某某总您长期倡导的团结、拼搏、求实、创新的企业精神在这次疫情防控工作中得到了生动体现。

下面的建议是重中之重！也是万华本人千真万确的真实想法！这次指挥部调整缩编，我理解，是适应疫情防控常态化新形势的需要，对此，我汇报一个不成熟的想法，就是指挥部简报是不

英明神武

是可以与公司原有的简报整合？近几个月来，各分公司、子公司的文秘既要向指挥部报信息、每个层级原来的简报仍然在出刊，大家的工作量都是双倍的；两种简报的内容百分之八九十是重叠的；而写材料的人手有的被抽调到机场、医学观察点。所以，建议从总部开始将两种简报合二为一，以上率下，带动全公司集约使用当前处于满负荷的人力资源，这将有利于把常态化疫情防控和复工复产工作做得更好。我就谈这些，谢谢大家！

小白

为什么派中不溜的人到临时机构？典型的本位主义！

万华漫话

原单位疫情防控经济发展两手抓，担子也不轻啊！

最后，小结一下，大致四点：

自我介绍要简洁，别啰唆；

本位主义

第 15 章
普通公务员怎么宣讲区情

> 做区情宣讲，要注意哪些细节？请教请教
>
> 周二 14:57
>
> 宣讲人身份和听众身份
>
> 周二 15:13
>
> 宣讲人身份是两办参与全会报告起草的工作人员，听众是各个党群机关部门代表
>
> 也就是我本人啦
>
> 😳比我这种小萝莉强太多了
>
> 第一次宣讲，请大家传授一些经验，时长一个多小时
>
> 周二 15:43
>
> 宣讲内容无非是领导的政府工作报告+计划报告+经济形势

 宣讲

区情，就是区的经济社会发展情况。
区委领导的全会报告、区府的工作报告、
区发改委的计划报告或经济形势报告，
都可以理解为向特定对象报告区情。

网友想问的应该是：工作人员作报告，
与区领导作报告有什么区别？
这个问题本身不是问题，也没标准答案。
简单回答就是：怎么出彩怎么讲！

出彩的前提或检验的标准是吸引大家听讲，
在座听你宣讲的，都是机关干部，
凭什么你讲我听，你怎么让人服气？
你讲的内容，领导也要讲的，
在座的部分干部已经听领导讲过一次了，
或者还将在某些场合再聆听一次甚至多次，
还将下发材料、组织学习，可能听烦了。

万华想到的建议大概有以下几个方面：

 出彩

一、不要平均分配篇幅

领导作报告，非常注重内容平衡，
如果摆不平，代表委员就会有意见：
咱系统干部群众奋斗一年取得巨大成就，
让你一行字就打发了？写得不充分啊！
而工作人员宣讲，就不必有这个顾虑，
完全可以有所讲、有所不讲，
如果主办方要求每个领域都讲到，
那你就把次要内容都点到，点到为止而已，
面面俱到、平均分配篇幅，难以出彩。

二、角度要与领导作报告有区别

工作人员比书记区长更"接近"老百姓，
要通过日常生活的感受来谈发展，
你讲的，虽然内容与书记区长大同小异，
但是看问题的角度不一样，
你应该与在座的角度一致，容易产生共鸣。

角度 ▸

‹ 万华网友群(66) 🔕 ⋯

宣讲内容无非是领导的政府工作报告+计划报告+经济形势分析报告等组合。我没写过，初步感觉，就是讲区里经济社会发展现在的情况，再展望一下愿景。而且主要是近几年的情况，太久远的不必回忆，老的数据需要对比的时候用一下，主基调是现在进行时。我建议，为了避免与领导的宣讲雷同，可以加一些本人作为一名机关公务员的切身体会，举几个例子说明，我每天生活在这个城区，它的发展已经大大超出了我的老概念！反差要大。

周二 15:46

有道理，要有些感同身受，先把自己说服了，别人才能入耳倾听。

反差 ▸

我想，你作为一名普通的机关干部，
从自身参与调研、旁听领导的会议、
每天接触的大量文字材料中，
时刻感受到这个城市发展的脉搏，
尤其这次参与全会报告起草，
搜集、梳理那些数据和事例，
在区领导召集讨论修改报告过程中，
对自己生活的城区所发生的变化，
既感到陌生、吃惊，也感到欣慰。

三、要活泼甚至幽默风趣

其实，角度区别也意味着语气区别。
要向"自然人"的语气靠拢，
争取部分内容适当脱离官方话语体系，
不必正襟危坐，别当自己是区领导！
太"装"了，就没意思了吧。
这一点，工作人员比领导更有优势，
领导想活泼，难度很大，

自然人

一不小心，把握不准、活泼过头，
与平时反差太大，身份也不允许。

四、如有可能，不要全程念稿子

从头到尾低头念稿子实在是太无趣了，
一定要有一部分内容脱稿，
让自己的眼睛有机会抬起来，
与听众对视，感受听众的即时反馈，
以便微调自己的内容或语速。

五、尽可能减少机关讲话的格式套路

防止格式化，从题目开始就要防止。
万华一直觉得交流发言或者宣讲会之类，
有个"报题目"的环节，显得特别生硬，
自己报，生硬！主持人报更生硬，
主持人报一遍、自己再重复一遍，很别扭。
设想一下，宣讲会上，主持人对着稿子念：

报题目

下一位宣讲者是，某某单位，姓名，
他今天宣讲的题目是：《敢做排头兵，永做先行者——
庆丰区奋斗新时代改革创新转型结出丰硕成果》，
然后，宣讲者上台：我今天宣讲的题目是，
巴拉巴拉……我今天的宣讲，共分五个部分，
第一部分，介绍今年经济社会指标完成情况；
第二部分，介绍……巴拉巴拉巴拉。

建议可以不要题目，区情不就是题目吗！
也可以在宣讲的结尾，报题目，
具体处理方式，万华在下面的例文中示范。

也不用预告宣讲几部分内容，留点悬念不香吗！
本来就担心自己的宣讲吸引力不足，
提前剧透不是纵容大家开小差吗！
区领导作报告，有的人还不是照样玩手机，
何况一个黄毛小儿，谁的注意力愿意被你占据！

注意事项就这些。万华试着模拟部分片段：

各位领导、各位同事，大家好！
　　我今天早上开车来上班的路上，特别拥堵！
也不光是今天拥堵，近年来基本上每个工作日都
拥堵。我想在座的各位只要是自驾车上班的，和
我的感受应该差不多。用负面情况开头，容易引
起注意，引发共鸣。这不免让我想到了几个问题。
听众以为你在寒暄，其实已经切入正题，这种随
风潜入夜式的开头，非常自然，非常润物细无声。
　　一是我发现马路上的新能源车越来越多了，
尤其是我区去年新引进的 AOTU 新能源汽车越
来越多，好像具有成为街车的潜质。这个项目，
在国家有关部委和省市相关部门支持下，突破了
整车制造业项目不能由外商控股，更不能由外商
独资的政策藩篱，这个项目宣示了我区、我市乃
至我省、我国进一步扩大开放的坚定决心和崭新
姿态！在国内外引起巨大反响。而且，大家都知
道，这个项目实现了当年签约、当年建成、当年
整车投产上市，体现了庆丰速度，也为疫情之下
的我区经济复苏注入了新活力。这个项目是我区

去年一手抓疫情防控常态化、一手抓经济发展取得显著成绩的一个缩影。从一个知名度很高的项目谈起，引出经济社会发展指标这样一组数据。据统计，去年我区实现GDP……。这些指标可能包括年度的以及"十三五"的。

二是车多说明人多、经济活动频繁，说明我区对人口和人才的吸引力在不断增强。据了解，近年来，我区一手抓高端人才引进，先后出台一系列人才政策，用网友的话说就是加入了白热化的"抢人大战"。高端人才是一个地方发展的关键，抓住了高端人才，就抓住了科技创新的最宝贵要素，就抓住了未来发展的主动权。去年我区累计引进中科院院士两名，千人计划人才十名……制造业高技术人才……另一手抓外来务工人员的有序管理、人性化服务。实有人口管理和服务上了一个新台阶，据统计……

三是道路拥堵是不是说明我区修路的速度没跟上？据统计，去年我区竣工城市道路××公里，新增公交线路××条，在全市各区县名

抢人大战

列前茅。但是，路修得再快也赶不上小汽车拥有量的快速增长，这是国内外许多城市的普遍共性。同时也反映出，公交优先战略任重道远。据统计，去年我区新增私人小汽车××万辆，"十三五"累计新增××万辆。私人购买小汽车的快速增长，从一个侧面说明我区居民收入快速增长。据统计，"十三五"期间，我区居民人均收入累计增长百分之××，年均增长××，去年达到××万元，在全市各区县排名第几，上升了几个名次。

四是汽车拥有量快速增长，我区的空气质量不但没有下降，反而水晶蓝的天数更多了，这是怎么回事？从区发改委、区经信委提供的数据看，我区传统产业在"十三五"实现了凤凰涅槃式的转型升级。据统计……从我区近年来主要生态环保相关指标看……绿水青山就是金山银山。

五是……

六是……

……

以上所见所想，是我近期将身边的生活现

水晶蓝

象，与我工作所接触的情况和数据，自发碰撞、融合思考的一部分；也是我作为一名从内地小城镇到庆丰求学、在庆丰工作并安家，在庆丰生活了十来年的真实感受。如果今天的宣讲稿需要安一个题目的话，我想就叫《一名机关年轻干部心目中的美好庆丰》吧。我就汇报这些，不当之处，请批评指正。谢谢大家！

具体讲几点，看主办方给的时间而定。

"堵车"的"话头"并非要贯穿全文，要看能不能关联得上，不要牵强附会；也并非全文只能有一个"话头"，两三个也行，只要是真实的感受，就容易引起共鸣。

下面，再模拟另一种结尾的样式：

非常感谢主办方让我有机会今天在这里向各位领导和同事介绍区情并汇报我个人的感受！说老实话，我和在座的绝大多数机关干部一样，每天加班加点、早出晚归，几个星期也难得逛街、

逛商场、逛公园，对我们自己生活的庆丰区的快速发展、日新月异的面貌，感受难免不全面、不充分。为这次宣讲所做的资料准备工作，让我有了一次较为全面的了解，也进一步增强了热爱庆丰、建设庆丰的强烈责任感、使命感和无限动力！

正当听众以为你要抒发充沛的感情时，你的报告戛然而止！恰到好处。

以上汇报，不当之处请批评指正。谢谢大家！

前面，万华提到了自然人话语体系，怎么与官方话语体系相区别？
举个例子，上文多次出现"据统计"，这在正式报告中经常用到，建议在宣讲中不要一成不变这样用，要有变化，可以用一些小技巧。
比如，第四部分生态环保的一组数据，用类似下面的话，替换"据统计"：

话头

据统计

说到我区的空气质量，正好我手头有一份最新资料，是全会报告起草组请我区生态环境局协助提供的。看得出来，生态环境局非常重视，提供了很全面的、高质量的素材，由于全会报告篇幅有限，这些数据和情况只用了一小部分，但我觉得这些数据和情况对我原有的认知形成了巨大的冲击，这些数据很漂亮，充分展现了我区近年来生态环境建设取得的巨大成效，是包括在座各位在内的全区上下共同努力的结果，素材中的这段分析也很精彩，我想在这里与大家分享一下……低头念生态环境局的素材。

把"据统计"转换为这样一段话，
有几个好处：一是当众表扬了生态环境局。
作为办公室工作人员，平时索要材料，
经常得到各委办局的支持，
在这种公共场合点名表扬，效果非常好。
通常，作为一名普通工作人员，
在这种正式场合，表扬一个单位，并不合适，

表扬 ▸

因为办公室不是生态环境局的上级机关，
你也不是办公室领导，你最多只能感谢，
多数情况下，你没资格表扬人家一个局，
既没有资格批评，也没有资格表扬。
但是，以上面这段话的方式表扬，
属于极少数合适的场合及方式之一。

二是可以引起听众的注意力。
生态环境局的干部就在会场，
他刚才在玩手机，此刻被点到名了，
怎么也得坐直了、假装认真听吧。
假如他就是那段素材的执笔者，
他的劳动得到了你的承认，感觉不要太好哟！

平时支持办公室工作的其他局，
也可以在相关的段落中点名表扬。

三是获得一段"喘息"机会。
如果宣讲过程中大部分是"背诵"的，

喘息 ▸

那么，这段可以名正言顺低头念稿子。

【万华的网友在加班】

技术篇

某一天，我在得到 APP 上听到一段音频，
非常震撼！恨不得立即停车查看文字稿，
并把它记在小本子上，手写记录。
这段音频是罗辑思维的罗振宇 60 秒节目，
我是在上班的路上、在车里听。

那天说的是著名作家阿城说过一段话，
阿城说他二十年前出版了一本书，
"主要是一些演讲稿的合集，
反映了二十世纪九十年代初听众的水平"。

对于这段话，罗振宇老师感慨：
一本书，应该是反映作者的水平啊，
怎么反映的是听众的水平呢？
罗胖的疑问，大多是设问，自问自答，

罗振宇

罗老师是怎么自答的？抱歉我忘了。
万华现在揣摩，阿城使用了产品经理思维，
就是市场思维、为用户着想的思维。

感慨之余，感觉这句话能为我所用，
延伸一下阿城老师的意思，那就是，
不仅讲话稿内容的深度要考虑用户能否接受，
就连角度、语气等方面，都要有用户思维。

理解了阿城老师这句话，也就理解了，
书面写作与口头表达之间的关系，
理解了讲话稿与其他文稿的最大区别。
比如：红头文件的写法有什么特点？
它首先要考虑的是文字的严谨和严密，
不能让行政相对人钻空子、揪辫子，
至于读者能不能看懂，不是主要的，
看不懂文件的，可以到行政服务窗口去问，
也可以看新媒体或传统媒体的解读——
《速读！600 字干货解读万字报告》

阿城

《一口气了解 ××× 极简发迹史》。

而讲话稿就不能让读者听不懂，
不但能听懂，还要能很轻松地就听懂，
讲话者与听众，是现场互动关系，
必须当场听懂、第一时间听懂，
讲者要根据听众的临场反应，
随时调整语速、调整讲解方式，
在详与略，在通俗与简洁之间，
动态调整，把握好适合听众的度。

我接触的公文写作书籍或公众号，
大多是讲格局、讲立意、讲思想境界的，
几乎没看到分析讲话稿的技术问题，
有的人偶尔会说"不要写得太干巴巴"，
"书面语要转换成口语"，等等。

我觉得这样说仍然非常抽象，
"不要干巴巴"，这话好像很接地气，

干巴巴

但实际上，含义是很不明确的，
谁知道"湿乎乎"的文稿什么样?

【万华的网友在加班】

 火星人 siQi
在做了两天三夜"印刷厂女工"后，对赶材
料这词儿有了"新"认知: 赶鸭子上架搞材料

2021年7月4日 22:23　删除　　　

湿乎乎

第 16 章
为什么要考虑读者能否意会

下面，是某一篇演讲稿的第一句话，
万华把它改写成汉语拼音，
请你试着拼读一下，只念两遍吧，
看你能否听出这句话由哪些汉字构成。
也就是模仿你现场听演讲者念稿子，
如果没有字幕提示，看你能否听明白。

zai zhu fu guo zhe gao jie hu xiao er lai de bi ye ji.

请你将这行拼音转为汉字，写在下面的空白处，并拍照发给万华。你的反馈有可能获赠万华签名书一本，你的答案将在本书加印后被后续读者看见：

这本书的封底印了万华的承诺：
这是一本附赠售后服务的书。
怎么享受售后服务？请扫下方的二维码，
把万华添加为朋友，万华邀请你进售后服务群，
你有任何写材料问题，都可以在群里提出来，
万华会努力回答，万华不懂的，
其他网友会回答，大家参与共同讨论。

这篇致辞，万华是偶然在网上读到的，
觉得有思想、有水平、有良知，
所以就认真读了，也被感动了，但是，
觉得美中不足的是，不够口语化。
给著名专家学者的稿子挑毛病，
并非万华本意，也不是要借他抬高自己，

 字幕

 良知

所以，就把学者的名字隐去了，
当然，学者稿子中的这么丁点不足，
也丝毫不能削弱他的思想的光辉。

对于一位令人尊敬的科学家来说，
怎么写好讲话稿、演讲稿这样的问题，
属于奇技淫巧，属于术，而非道；
但对于作为文秘新人的你来说，
万华觉得，有必要与你分享这点小技巧。

下面，再请你试着翻译一道拼音题：
wo guo she hui zhu yao mao dun yi jing zhuan hua wei
ren min ri yi zeng zhang de mei hao sheng huo xu yao
he bu ping heng bu chong fen de fa zhan zhi jian de
mao dun.

这段拼音，应该不难转换为汉语，
一方面因为它被人们使用得比较多，
另一方面也因为这些词语比较容易会意：

 会意

我国社会主要矛盾已经转化为人民日益增长的
美好生活需要和不平衡不充分的发展之间的矛盾。

写这一章前，万华查了两个词。
一个是会意，指会心的意思，
也指用两个或两个以上的独体字，
根据意义之间的关系，合成一个字，
综合表示这些构字成分合成的意义。
另一个是只可意会，不可言传的意会，
它指不经直接说明而了解意思。

这两个词好像都不是万华想要的，
我想表达：讲话稿的词句使用原则是，
应该在没有字幕提示的情况下，
也能让听众很容易听明白。怎么做到？
一是多写大家常听常写的词句，
不要写被使用很少的冷僻词、冷僻句，
更不要自己硬生生地造词造句。
做到这些，那么会出现这样一个结果，

 意会

那就是从头到尾充满了"套话"，
先别急！套话本身是中性词，
是由某些词汇固定搭配组合的、
一听就明白是什么意思的文字压缩包。
充满套话，并不意味着思想和内容陈旧；
使用大家共同高频使用的话语体系，
仍然不耽误表达你的领导的独特思想。

二是用典、用古语最好也要用常听常见的，
或者，只用大领导用过的，肯定没错。
还有就是义务教育课本里有的、
电视台的诗词大赛里经常出现的，
或者是网络近期传得很热的古语。
要知道，你所服务的领导，级别不够，
不足以让一句生僻的古语广泛传播，
也焐不热沉寂已久的冷僻诗句。

三是如果自己把握不准某个词句是否通俗，
就用万华的土办法：随便挑几句话，

套话 ►

用你的标准或不太标准的普通话，
念给身边的同事听，只念一遍，最多两遍，
如果能够被听懂，那就没问题，
反之，你就老老实实修改得通俗点吧。

通俗 ►

第 17 章
为什么故意留一些文字冗余

万华写的前三本书里，多次提到，
要注意提高文字使用的性价比，
尽可能用较少文字，传递较多意思。
但是，这第四本书要颠覆一下，
这是讲话稿区别于其他文稿的显著特点。

政务信息的标题，与正文一样，
都追求简洁，行文风格明显区别于文件、讲话稿。

例文（30）

蓝书
P80

庆丰市审计局今年将针对建设项目、公共资金、经济责任等重点审计领域，加强审计监督，推进审计整改，提升审计工作效能。

万华的蓝书提到信息的文字要简洁，
上图的三个"审计"可以省略掉两个：

性价比

例文（30）修改稿

蓝书
p80

庆丰市审计局今年将针对建设项目、公共资金、经济责任等重点领域，加强审计监督，推进整改，提升效能。

最近听已故艺术家单田芳的评书《水浒传》，
突然想起了一个以为不是问题的问题，
那就是，一百单八将为什么有绰号，
不但人人都有，有的还是复合式的，
比如，宋江有三个绰号，连起来很长：
孝义黑三郎、及时雨、呼保义。

然后，又发现，说书的有许多固定语言，
比如，说一个人写了一封信，是这样表达的：
提起笔来，刷刷点点写了一封书信。
前面的"提起笔来""刷刷点点"多余吗？
后面的"信"要说成"书信"，为什么？
因为"xin"这个单音节，听众不容易意会，
用双音节替换单音节，可以缩小猜测范围，

音节

也就是缩短了听众意会的过程。

扭向还是扭项？
项，指脖子。

再比如说"回头"，要说成"扭向回头"，
"仔细看"要说成"拢目光仔细观瞧"。
"看"是单音节，变双音节"观瞧"，
还嫌"确定性"不够，再加"拢目光"，
这下跑不了了，限定词加得死死的。

而且万华注意到，这些都是固定搭配，
大多数评书演说者，都不随意改动，
这是为什么？是师父太呆板了吗？
是徒弟怕师父不高兴所以不敢改革创新吗？
我觉得不是的，这样表达是有道理的，
就是要给听众确定性，显示通用性。

由此，万华悟到一个写讲话稿的技术问题，
那就是，讲话稿需要有适当的文字冗余，
以便听众可以轻松听明白。
轻松到什么程度？按万华的理解就是：

听了上句，大概知道下句；听了下句，
发现刚才开小差也没错过啥；听了中间一句，
前后的内容都可以自己脑补。

水浒的每个英雄，名字前面都加绰号，
一是为了彰显人物的个性特点。
二是为了挤占篇幅、延长艺人表演的时间，
把时间撑满，让观众觉得票钱值了。
说书的艺人，连续讲一两个小时，
嗓子很累，思想不能开小差，不能"吃螺丝"，
而增加一些几乎不用动脑筋的内容，
就可以显著减轻艺人的脑力劳动强度。

三是为了让听众有区分度、快速意会，
不会因为座位靠后、耳背或开小差，
把"小旋风柴进"听成"九纹龙史进"。
有了绰号，任何两位英雄都不会搞混，
不会因为语速太快而听岔了，
不会因为说话的人口齿不清而张冠李戴。

通用性

吃螺丝

戏剧、快板书都有伴奏过门，有的过门很长，也是为了让演员嗓子休息吗？

小白

万华漫话

只是作用之一，还有酝酿情绪、提高学艺门槛等作用。

有网友说："领导让我修改文稿的话语，
很多我都听不太懂，怎么修改啊？"
比如领导说：你写得太实，应该虚实结合。
或者说：写得太干巴巴了，太紧了，
让人透不过气；要疏密有致。

对于业务性比较强的文稿，领导可能说：
有的专业名词，还是要解释一下，
你不能默认大多数人已经了解而不做解释。

怎么理解讲话稿写得太"干巴巴""太紧"？
又怎么对讲话稿中的专业名词进行解释？

疏密有致

是生硬地、单独讲一讲名词解释，
还是在正文中边汇报、边解释，夹叙夹议？

为了说明什么是虚实结合、夹叙夹议，
什么是边汇报、边解释，下面举例说明。

模拟的是领导答复代表委员建议提案的会议，
与会人员，除了部分被邀请的代表委员外，
还有各级、各部门的承办工作人员。
领导讲话涉及"企业研发费用加计扣除"，
其中一个段落，第一稿写成这样：

> 今年本市"两会"上，多位代表、委员提出，
> 建议市委市政府向省里并通过省里向国家层面建
> 议，积极争取在我市先行先试，将一般中小企业
> 研发费用加计扣除比例提高到 75%。

这段话，从语法、语义上看，都没问题，
写在汇报材料里，写在信息稿件中，

加计扣除

写在书面的情况通报中，都没问题。

但是，从讲话稿的角度来衡量，
有两方面可以改进：一是写得太局促；
二是存在专有名词，但没有解释。

如果领导对讲话稿不是过分依赖，
稿子只是个提示，他可以自己临场发挥，
用口语补充相关内容，那没问题。
如果领导比较依赖讲话稿，或者换句话说，
作为起草讲话稿的文秘，做得更到位点，
不应该让领导自己临场组织语言、补充内容，
那就建议你要克服以上两个问题。
为了讲解得更清楚，万华分两步扩写，
第一步先解决专有名词的解释问题，
采用边汇报、边陈述、边解释的写法：

今年本市"两会"上，多位代表委员提出，将一般中小企业研发费用加计扣除比例提高到 75%。根据某年某月国家颁布的某号政策，科技型中小企业投

入的研发费用，可按照实际发生额再加 75% 计入成本，在应纳税所得额中扣除；而此前，一般中小企业与科技型中小企业是同等享受 50% 加计扣除比例的。因此，代表委员们建议市委市政府向省里并通过省里向国家层面建议，积极争取在我市先行先试，将一般中小企业研发费用加计扣除比例也提高到 75%。

上面这段中，红色字体是新增内容，
在陈述加计扣除政策依据和来龙去脉的同时，
向不太了解这个领域业务的人做了解释，
四处绿色字体连起来，正好构成了名词解释，
即便一般工作人员，也可以听懂了。

同时，还给这段文字增加了标题，
虽然标题与结尾有重复的内容，
但这在讲话稿中属于合理冗余。

第二步，解决文字太局促的问题：

陈述

冗余

今年本市"两会"上，多位代表委员提出，将一般中小企业研发费用加计扣除比例提高到 75%。根据某年某月国家颁布的某号政策，科技型中小企业投入的研发费用，可按照实际发生额再加 75% 计入成本，在应纳税所得额中扣除。也就是说，花 100 块钱投入研发，可以按照 175 块钱摊入成本，成本增加了，账面利润就少了，从而减少企业的纳税额，减轻企业负担，起到鼓励企业加大研发投入的作用。而此前，一般中小企业与科技型中小企业同等享受 50% 加计扣除的政策，某号文件颁布后，科技型中小企业的政策力度提高了，而一般中小企业没有跟随享受。大家知道，税收政策的权限不在市里，也不在省里，主要是中央事权。因此，代表委员们建议市委市政府向省里并通过省里向国家层面建议，积极争取在我市先行先试，将一般中小企业研发费用加计扣除比例从 50% 提高到 75%。

事权

第二次扩写，基本上是在重复已有内容。

"也就是说"引出的这句话，
是向外行进行更通俗的名词解释。
"某号文件颁布后"这句话，
也是重复性的解释，都为了快速意会。
像"也就是说""大家知道"这样的引导短语，
经常被使用，主要作用是让文字变得疏朗。

> 如同扬州肉丸子掺荸荠。

"提高到 75%"改成"从 50% 提高到 75%"，
这样的表述，属于有头有尾的句子。
如果是信息等书面表达，即便不写全，
读者根据上下文，也能推导出是从 50% 到 75%，
但是，作为口头表达，写全了更贴心。

也就是说

第18章
排比铺陈为什么被看重

直接回答：排比句确实有作用！

什么作用？从表面的、直观的作用来说，

可以让讲话显得有节奏、有韵律，

稿子念起来更加铿锵有力，更加有感染力。

内在的作用是，显得具有大局观，

也说明思考得很周全，充满辩证法。

> 要坚持放大共性优势与彰显个性特质相结合；（共性与个性）
>
> 要坚持对内凝聚人心与对外塑造形象相结合；（对内与对外）
>
> 要坚持长期绵绵用力与阶段性突破跃升相结合；（长期与阶段）
>
> 要坚持整体目标导向与人人竞相参与相结合；（整体与个体）

排比

> 要坚持提升软实力与增强硬实力相结合。（软件与硬件）

用在公文中的排比句，要不要专门学？

万华在之前的几本书里多次提到，

对于文秘岗位新人，不建议专门学，

更不建议以此作为初学者的入门路径；

而且，有时往往是内容比较空洞的稿子，

措施缺乏新意和操作性的稿子，

实际工作没做、全靠汇报材料撑门面的稿子，

才更迫切地需要排比句来掩饰不足。

但是，许多网友都说，他们领导讲究这个，

而且写材料的大部分精力都用在推敲排比句。

当然，对于初步"会写"的夹生层的写手，

可以将其作为锦上添花的升级技能，

万华写书是为大家服务，服务就要针对需求，

既然大家有着强烈的需求，我就勉为其难，

这方面万华也不擅长，试试看吧。

门面

上一页的小标题，以及本章后续分析的片段，
全都来自某市关于提升城市软实力的新闻报道，
也是近年来万华读到的排比句最多的稿子。

方法一：辩证法

以上五个标题，大致可以看出，分别对应：
共性与个性，对内与对外，
长期与阶段，整体与个体，软与硬。
"某某与某某相结合"的句式，
实际上也是"既要如何又要如何"的句式，
有时扩展为"既要如何又要如何还要如何"，
这就是辩证法的思维在文稿中的应用。

初学者写材料，容易只顾得上一头，顾此失彼，
比如，本书第 20 章分析了某网友的文稿，
但凡写持久战，一般不能单纯写持久战，
不能一说持久战，就没有短期指标压力了，
长期目标与近期目标相结合，才符合辩证法。

辩证法 ▸

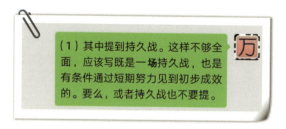

（1）其中提到持久战。这样不够全面，应该写既是一场持久战，也是有条件通过短期努力见到初步成效的。要么，或者持久战也不要提。

另外，城市软实力建设，类似精神文明建设，
核心是"人"，人是精神文明的载体，
第一、第二、第四个小标题都提到人。

方法二：逻辑思维法

深化市民修身行动，厚植责任意识、契约精神、科学观念、人文素养，倡导重信守约、专业精细、认真务实、理性自律，把城市精神品格内化于心、外化于行，更好展现新时代庆丰市民充满家国情怀、引领风气之先、更加开放包容的形象。

契约 ▸

"厚植"后面跟了四个四字短语，
"倡导"后面也跟了四个四字短语。
厚植，可以理解为扎在地下的根系，内化于心；
倡导，可以理解为人的外在表现，外化于行。
前面四个短语都侧重于写人的内心世界，
后面四个短语侧重于人的外在表现。
比如，厚植后面跟的"契约精神"，是指内心，
倡导后面跟的"重信守约"是履行约定的表现。
一个人可能一辈子也没签过合同，
甚至与亲戚朋友连一个像样的承诺也没有，
那么，他无法向别人表现出"重信守约"的样子，
他有没有契约精神呢？谁也不知道啊，
所以，从来没借过钱的人，没什么信用积分。

同样道理，有了科学观念，做事才能显得专业精细，
有了人文素养，为人处世才会理性自律，
有了责任意识，做人做事才会认真务实。

如果按照万华的上述理解来抠字眼的话，

应该把责任意识移到第三位，
或者把认真务实移到第一位，前后才能对应。

厚植 责任意识、契约精神、科学观念、人文素养
倡导 重信守约、专业精细、认真务实、理性自律

另外，"厚植""倡导"后各自的四个短语之间，
它们的逻辑关系是什么？我还没想明白，
责任意识与契约精神，好像不完全是并列关系，
科学观念与人文素养，好像也不是并列关系。
以上段落，有的词可以从古训中找到，
比如，修身、齐家、治国、平天下。
有的呼应了社会主义核心价值观，
有的体现了庆丰的民风，比如理性自律，
又比如重信守约、责任意识等。
有的地方的人，一开始你会觉得他小气，
和他打交道久了才发现其实很靠谱，
他习惯于先小人后君子，丑话说在先。

有的地方正相反，酒桌上答应的，过后拉倒，

而在庆丰，即便喝酒，也不轻易拍胸脯，

而一旦答应了，肯定会尽力办。

方法三：角色转换法

推动人人起而行之，在风雨来袭时同舟共济、共克时艰，在承平顺境时毫不懈怠、奋发进取，在日常岗位上精益求精、追求极致，在平时生活中友爱友善、和睦和谐，真正把城市精神品格化为每个市民精神成长的丰厚滋养，化为城市发展进步的不竭动力。

"在日常岗位"，说明角色是"工作人员"；

"在平时生活"，角色转换为普通市民；

"在承平顺境时"，指的是"普通"工作人员；

"在风雨来袭时"，可能是"抢险救灾"工作人员，

或者"临危受命"的工作人员。

当然，同一个人，在家庭、社会、工作中兼顾多重角色。

角色

方法四：时序或方位法

坚持不忘本来、吸收外来、面向未来，在做强"码头"、激活"源头"、勇立"潮头"中打响"庆丰文化"品牌。

"本来"指以前或现在，是相对"未来"而言的，

"外来"相对于"内在"或"本地"而言，

所以，不忘本来、吸收外来、面向未来，

包含了时序和方位的双重变换。

"码头"是指本土，相对于外来文化而言，

首先要做强传统文化的基本盘，

然后再讨论怎么吸收外来文化的精华。

"源头"是指上游，"潮头"是指下游，

百川汇入大海了，才有潮汐现象，才有风浪。

必须坚持创新在发展全局中的核心地位，打造更具澎湃活力的创新之城，让这座城市遍布想创造、能创造、善创造的主体，充满先进的思想、

码头

优秀的作品、璀璨的文艺、前沿的科技，持续不断地创造发展的奇迹、涌现英雄的人物、演绎动人的故事。

"想创造"，表明内心有冲动，
"能创造"是指知行合一，付诸行动，
"善创造"是指行动的效率高，
3个短语在时间轴上依次排列。

必须坚持把人的感受度作为最根本的衡量标尺，把宜居、宜业、宜学、宜游的城市环境建设摆在突出位置，把最好的资源留给人民，全方位营造舒适生活、极致服务和品质体验，打造更加和谐宜居的生态之城，让越来越多的人向往庆丰、来到庆丰、留在庆丰、喜欢庆丰、宣传庆丰。

向往、来到、留在、喜欢、宣传，
可以看成是按时序排列的，逻辑关联性也很强，
没来的时候想来，因为听别人说庆丰很有魅力，

时序

来了以后，觉得果然很好，所以留下来，
愿意留下来，那当然是因为喜欢，
既然自己喜欢，那就宣传推介一下，
让更多的人知晓，让更多的人分享。

方法五：渐进扩写法

初学者也不要觉得以上排比特别神，
好像自己很难写出这样的水平，
其实，大多数排比句并不是一次写成的，
而是随着认识的深化集体创作的。
就像《三国演义》《水浒传》，
以及许多戏曲名篇，都是集体创作的成果，
由一代一代的艺人，添砖加瓦，
反复打磨，越来越华丽，越来越精巧。
有的排比句，从一开始的两句、三句，
扩展到四句、五句，越来越全面。

比如，著名的奥林匹克宪章上的格言：

渐进

更快、更高、更强、更团结，
在万华年轻时，只有前面三小节。

再比如，某市关于发展郊区新城的口号，
万华第一次看到的，只有五个小节：产城融合、
功能完备、职住平衡、生态宜居、交通便利，
后来，又增加一个小节：治理有效。
之前五个小节，主要对应经济发展、生态保护；
治理有效，可以理解为社会管理、社区治理，
也可以包括以上各方面的"治理"，
既可以看成并列的，也顺带有点归总的意思。

其实，你完全可以用平常心看待排比句，
你平时觉得很豪华的排比句，并非无懈可击，
本章引用的这些排比句片段，有的就值得推敲。
比如"日常岗位"可以改"工作岗位"，
"平时生活"可以改"日常生活"。再比如，
先进的思想、优秀的作品、璀璨的文艺、前沿的科技，
这 4 个短语的相互关系，似乎不太容易发现，

思想、作品、文艺、科技四个词好像不是并列关系。
比如，其中的"作品"与"文艺"，
似乎前者是外在、具象，后者是内在、抽象；
"璀璨"是指发出光芒，与"灿烂"差不多，
"灿烂"与"文明"搭配比较多，与"文艺"搭配少。

下面这个问题，是万华的个性化感受，
本来还以为可以单独写一章，
但是在查找案例文章的时候发现，
我的感受可能不准确、缺乏审美的普遍性，
不过，我还是觉得可以点个题，
有没有普遍感受，请你有机会告诉我。

我对排比的个性化感受，一句话概括就是：
小标题的排比常常像诗，而正文的排比最好像词。

作为讲话稿（也包括其他文稿）的小标题，
它所追求的排比，首要的是，句式相同，
要么全是主谓结构，或全是动宾、偏正结构，

 豪华

 具象

如果字数相同，那就像格律诗，显得更加工整了；
而正文中的排比，首先就表现为字数相同，
如果排比句中结尾的那一小节，字数"突然"增多，
之前的整齐划一，到了出口，喷薄而出，
觉得很有力道，也有节奏的变化，韵律感更强，
各小节长短不一，像词，唐诗宋词的词。

本章开头的五个小标题，句式都相同，
全部是"坚持甲与乙相结合"的句式，
但字数并不相同。我觉得很好，
万华不提倡硬凑字数，不能削足适履。

本章引用的正文中的排比，全是字数相同的，
那种像"长短句"、更有韵律感的，基本没有，
万华好不容易另外找了几个尾部放大的例子：

在群众中掀起五讲、四美、三热爱新高潮。
全力以赴把民生实事办好、办实、办出特色。
为企业家打通政务服务的堵点、痛点、关节点。

 尾部放大

几位的发言有决心、有信心、有精气神。
秉持奥林匹克更快、更高、更强、更团结的宗旨。

每次听到、看到、念到这种尾部放大的排比句，
万华脑子里会出现麻将牌中"七筒"的图形：

诗与词，万华更喜欢词。听流行歌曲也是，
像"昨日像那东流水……"这首歌，
每个小节字数相同、旋律相同，
句式缺少变化，像打油诗，像念经。

 七筒

相对而言，周华健、刀郎的歌，
各小节长短不一、旋律更富于变化，好听。

好吧，就这样吧，没什么可分析了，
大多数排比句不是一个人苦思冥想编出来的，
是积少成多、循序渐进、集体创作的，
当然也不是通过读了这个章节就可以学到的，
主要靠平时积累，靠对工作内容的熟悉。

万华还想说，公文中的排比句不是越多越好。
被称为"作家中的作家"的阿城，
在他的《威尼斯日记》中，写过这样的话：
好文章不必好句子连着好句子一路下去，
要有傻句子笨句子似乎不通的句子，
之后而来的好句子才似乎不费力气就好得不得了。

刀郎

【万华的网友在加班】

长寿

第 19 章
怎么在格式化文本中写出个性

这是网友写的自我评鉴材料，
也算给自己的面试（面谈）打腹稿。

**腹稿不是心里盘算吗，
怎么要写纸上啊？**

这位网友通过遴选，即将调到新单位，
从甲县人大办，调到乙县政府办。
新领导要他谈话，他准备了谈话材料，
包括自我介绍和可能被问到的问题，
我给他的材料提了几点小建议。

放心的工作意识，特别是在去年下半年，面对"不忘初心、牢记使命"主题教育、省委巡视、县委巡察等工作聚在一起，充分发挥"5+2""白+黑"和随叫随到精神，圆满完成工作任务。

坚持细照笃行，不断修炼自我。该同志能够始终牢记自己的党员干部身份，按照新时代好干部标准严格要求自己，严守廉洁底线，深入贯彻执行中央八项规定精神，不断加强党性修养，追求健康情趣；树立廉洁标准，始终坚持以廉为重、正派做人，筑牢思想防线，恪守道德底线，严守法纪红线，坚守工作基线，不为名利所困、不为物欲所诱、不为人情所扰，自重、自警、自励、自省，永葆共产党人的浩然正气。有"功成不必在我"的精神境界、"功成必定有我"的历史担当。

上图中三处画了红线 ，我逐一分析。
古人所谓立德、立功、立言中的功，
是指重大贡献，不是一般贡献。
所以，功成不必在我，功成必定有我，
这句话其实要区分两种使用场合：
一是大领导对大家提要求时，

遴选

功

约束对象既包括他本人在内的领导干部，

也可以包括广大普通公职人员；

二是当你对自己提要求的时候，

需要掂量够不够主体资格。

与这句话的适用范围相似的是：

为官一任、造福一方。

如果你的岗位够得上用这句话，

那么，使用功成不必在我就没问题。

我国古代将公务人员分为官、僚、吏等品种，

现代汉语借鉴日语统称"干部"，

官方话语体系中，从"干部"中细分出"领导干部"，

"领导干部"能否等同于"为官一任"的"官"？

万华建议主官类的领导使用最合适，

比如，省市、区县、乡镇两个一把手，

其次，厅长、局长也行吧。但是！

该网友将调任县人大常委会办公室副主任，

像办公室这种参谋辅助部门负责人，

万华建议不要使用这句话。

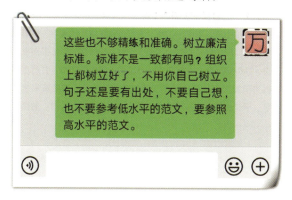

这些也不够精练和准确。树立廉洁标准。标准不是一致都有吗？组织上都树立好了，不用你自己树立。句子还是要有出处，不要自己想，也不要参考低水平的范文，要参照高水平的范文。

树立廉洁标准？这句感觉不对劲。

组织上不是一直有标准吗？

你还要自己另外树立一套标准？

你的比组织上的更宽松还是更严苛？

建议这类内容就参考权威提法好了，

自己绞尽脑汁写的，基本白费，

你不可能写得过那些既定的、成套的、

严密精巧得让人拍案叫绝的提法。

效运转。**二是具有较高的文稿写作水平。**进入公务员队伍后，一直主要从事文字工作，注重提高文字工作水平，锻炼了较高文字功底。较好地承担了年度监督计划、年度工作报告、领导讲话稿、调研报告、审议意见等拟制工作，并负责机关印发文件的审核工作，有效提高了机关文件质量和水平。平时注重收集整理本地人大工作特色和亮点工作，加强

画线的这句，大问题没有，
无非是表达文字工作水平比较高，
但是太平淡，无法引起读者（领导）注意。
再说，这三小节文字都在原地打转转，
也与小标题基本上是同义反复。

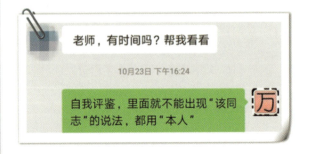

老师，有时间吗？帮我看看

10月23日 下午16:24

自我评鉴，里面就不能出现"该同志"的说法，都用"本人"

看了上下文，我问了他的岗位经历：
在政府部门岗位做过，也写材料，
现在人大办，同时兼任党组织的职务，
这就必然要写党务方面的文稿，
政府、人大、党务材料均有所涉猎。
所以，我的修改建议是：

这几句不够**精练**，也不够准确。较高改扎实。也可以根据你个人特点，写你自己先后经历了政府、人大、党务等各类文字材料起草，不同内容风格切换，能够较好地驾驭把握。

还有一处修改，与人大工作密切相关，
本来我不敢插嘴，我没在人大机关工作过，
但是，事情居然就有那么凑巧！
与这位网友交流的前几天，
有个从人大调来的同事和我聊天，

万华对别的单位工作很有好奇心，
对于人大工作，我问了个文绉绉的问题：
你在人大机关工作最深的体会是什么？
他的最主要体会是：程序不能出差错！

同事的这句话让我入脑又入心，为什么？
因为让我回忆起"两会"的会务外围工作经历，
当年，万华第一次看到人大议程表时，
我的强烈感觉是，程序性非常强啊！

正式会议之前，有预备会议，
预备会议之前，还有召集人会议，
会议之外，可能还有"谈心酝酿"程序。
常常是，在半个小时安排好几档，
每一档可能都是下一档的大前提，
每一道程序在法律上都有说法，
每一道程序都不能被忽略，
稍一开小差，轻舟已过万重山。

程序 ▸

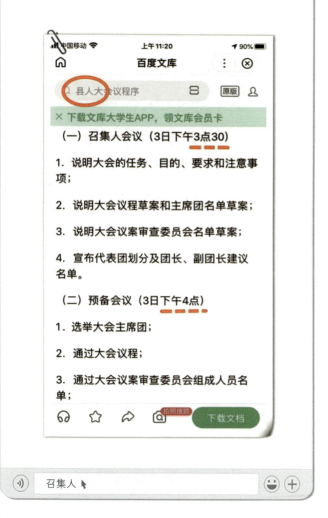

召集人 ▸

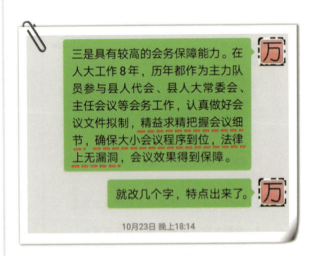

三是具有较高的会务保障能力。在人大工作 8 年，历年都作为主力队员参与县人代会、县人大常委会、主任会议等会务工作，认真做好会议文件拟制，精益求精把握会议细节，确保大小会议程序到位，法律上无漏洞，会议效果得到保障。

就改几个字，特点出来了。

10月23日 晚上18:14

政府的会务与人大最大的不同是什么？
二十多年，我从没想过这个问题，
说来惭愧，我连政府的会务也不熟悉，
万华在办公厅只待过两个处室，
这两个处，都只是偶尔承担小型会议筹备，
咱单位的秘书处，那才称得上正规的会务工作。
说起来是这位网友运气好、碰得巧，
万华现学现用、现炒现卖。

会务

以上几处修改建议，都是急就章，
大致就那么个意思，未必准确。

有的领域，必须写出新意和个性化内容；而有的领域，只管大胆学习借鉴上级提法。

讲话稿要想写得不让听者瞌睡，
决不能通篇都是大路货句子，
决不能没有个性化内容和新见解。

小白

个性化内容是不是越多越好？

万华漫话

职务和身份不允许！

急就章

我记得有个定律，大意是说，
讲话稿的新老内容二八开最合适，
新见解或个性内容，哪怕只有 20%，
听众就会有耳目一新的感觉！
个性化内容太多，容易出圈，也容易豁边；
再说了，你想多写其实很难！不信？
看了本书第 13 章国庆致辞的分析，
应该领教了程式文稿的创新难度；
或者回到本章的廉政问题，你觉得，
你有办法写得既显示个性，
又让组织相信你廉政方面过得硬？

小白

我是富二代，上班纯粹是情怀，我天然地拒腐蚀。这样写行吗？

万华漫话

有研究表明：富有者对财富的欲望更强烈。

廉政

你每天第一条朋友圈都是格言警句，
已经被那些隽永的词句洗涤心灵，
你以为，你心中早把财富视为身外之物？
那现在，万华就给你泼一盆冷水：
也许你从未经受过真正的诱惑！

小白

我们家几代信仰某教，视金钱如粪土。这样写可以吗？

万华漫话

你刚递交申请要向组织靠拢，你是无神论者！

最后一点，需要特别注意！
不能为了博眼球、追求所谓新意、
追求所谓个性化而写出格言论。

信仰

第 20 章
会议主持词写多长合适

某网友写了一篇会议主持词，
贴在群里请大家提意见。
主持词上半部分，无非介绍参会领导、
出席范围、议程，没什么好分析的。
其中，出现了三位县级领导，
加上念主持词的"我"，共四位县领导。
怎么分工呢？有什么惯例吗？

惯例之一：一把手的讲话放最后。
原来会写成"重要讲话"，
现在必须把"重要"两字去掉。
惯例之二：主持人一般是二把手。
有时可能是三把手什么的。
惯例之三：分管领导通常解读政策。
其他领导或者宣读表彰名单，

重要 ▸

或者宣读上级指示批示、贺信之类，
尽量给每一位领导都安排议程。

来都来了。

全县城乡基层治理工作推进会
暨"党建网格责任区"认领仪式主持词

同志们：
　　按照县委的统一安排，今天我们在这里召开全县城乡治理工作推进会、举行"党建网格责任区"认领仪式，对我县城乡基层████社会治理工作进行安排部署，确保治理工作有序有力开展。
　　参加今天会议的有：县委书记***，县委常委、政法委书记**，县委常委、组织部长***，县级各部门主要负责人，各镇党委书记和分管负责人。**主持人：副书记、县长**
　　今天的会议共有四项议程：一是举行"凝聚红色能量·点亮**大地"党建网格责任区认领仪式；二是传达████治理现代化试点工作动员部署视频会议精神并解读规划；三是解读并安排《关于构建████引领城乡基层治理体系》相关工作；四是县委书记***讲话。**
　　下面进行会议第一项议程，举行"凝聚红色████"

认领仪式，作为会议议程之一就行了，
可以不必作为并列的主题，也不用"暨"字。

暨 ▸

****

下面进行第四项议程，请县委书记***讲话，大家欢迎！

同志们，刚才大家对全县的"党建网格责任区"进行了认领；***同志传达了***社会治理现代化试点工作动员部署视频会议精神，解读了相关规划；***同志对《关于构建▇▇▇党建引领城乡基层治理体系》进行了解读，安排布置了相关工作；***同志做了重要讲话。下来后，请大家认真领会，抓好贯彻落实。下面，我再强调三点意见：

一是要提高政治站位，迅速打开治理局面。 加强城乡基层治理制度创新推进基层治理体系▇▇▇社会治理现代化，是我县当前和今后一个时期的一项重要政治任务。各镇各部门务必高度重视、科学谋划、周密安排、精心组织。会后，各镇各部门要通过党委（组）会迅速传达学习此次会议精神，把思想认识统一到会议精神特别是***同志的讲话要求上来，结合新冠疫情常态下的工作实际，深入研究贯彻落实的具体措施，立即付诸行动，不折不扣把县委的决策部署贯彻到底、落实到位。

二是要压紧压实责任，确保落实掷地有声。 这次会议的召开为我们明确了城乡基层治理▇▇▇社会治理现代化相关工作的路径和方向。各镇各部门要下真功夫、下大力气，充分发挥主观能动性，以***全会《决定》及其项目责任分工方案为基准，以构建▇▇▇城乡基层治理体系和▇▇▇社会治理现代化试点工作为抓手，主动认领工作任务，细化各类工作措施，有力推动我县城乡基层治▇▇▇社会治理现代化各项工作开展。

画红线的这段，其实显得多余，
参会人员刚才几乎没人低头玩手机，
都认真听着呢，不用再念一遍吧。

三是要严格工作要求，及时跟踪督促见效。 基层治理和▇▇▇▇治理现代化是一项长期工程，各镇各部门要做好打持久战的准备，按照工作方案及相关要求不折不扣推进工作，确保城乡基层▇▇▇▇社会治理现代化工作见成效。县委、县政府将适时进行跟踪督效，坚决杜绝思想上不重视、行动上不积极、敷衍塞责、消极应付的行为，确保工作推进见真招、见实效。

今天的会议到此结束，散会。

本章重点是想分析主持词的后半部分，
内容也是相对固定的，大同小异。
经常遇到的困惑是，篇幅不好把握，
如果只写下一步要做的动作，
篇幅就短；如果想长，再写点思想认识。
太短，与县长地位不相称，
毕竟是县政府一把手、全县二把手，
写短了，县府办担心缺乏显示度。

显示度

但是，写长了难免与书记的讲话"撞车"，
画蓝线部分属于提高思想**认识**的内容，
肯定与书记的讲话有交叉重复。

主持词中还提到"做好打持久战的准备"，
需要运用辩证思维，不能只强调一面。

（1）其中提到持久战。这样不够全面，应该写既是**一场**持久战，也是有条件通过短期努力见到初步成效的。要么，或者持久战也不要提。

当然，书记、县长并非一点不能重复，
重复也可以表明，党政一把手心往一处想，
说明配合得比较默契，班子团结，
但是重复太多难免造成审美疲劳。

对于写主持词代拟稿的文秘来说，
怎么把握篇幅？分两种情况：

情境一： 主持人与会议最高领导地位接近的，
如，县长与书记、副县长与县长，
篇幅可以略长一点，以增强显示度。

情境二： 主持人与会议最高领导相差一级的，
如，府办主任与县长、副主任与副县长，
他们之间的级别差距比较大，

那么，建议篇幅尽量简短，干脆利索，

只写要做什么动作，不写思想认识。

因此，不出彩几乎就是主持词最出彩写法。

有的讲话稿，值得花时间认真琢磨，

而主持词这种文稿，再怎么写也写不出啥花样。

疫情之初，大家热议海南省长提任书记，

不约而同提到他在机场送行的精彩讲话！

各省区市的领导，都送医护人员援鄂，

大都在机场或车站讲了话，但是！

给公众留下深刻印象的，只有这一位。

> **第三句话，**希望大家要有自我保护的意识，因为我们面对的是传染病。医生是不能生病的，医生生病，比一个普通的病人生病，带来的危害要大得多。**因此累了不要扛，**累了的时候特别容易感染，**累了就要说。**你们如果感染了，可能会感染到更多的人，所以以为了更多的人，你们自己也不能感染。我今天一

累了不要扛，累了就要说，

这样的句子只能领导自己讲出来，

领导没授意，文秘想不到，也不敢写。

无论主持词或领导其他讲话稿，一流的、最出彩的都是领导自己讲出来的，而不是文秘写出来的。

回到正题，简短的主持词怎么写？

建议只写两点：贯彻落实和跟踪督查。

> **会议主持词后半部分写作模板**
>
> ☐ **一是迅速传达贯彻，抓紧部署落实**
> 回去要开会（发文）、要布置、要采取措施，马上行动起来
>
> ☐ **二是加强过程跟踪，定期督查反馈**
> 对督查室或领导小组办公室提要求，强化他们的权威

万华旁听过的大小会议也不算少了，
很少听到特别精彩的主持词。
有的领导，作为会议最高领导讲话时，
无论念稿或脱稿，都常有精彩表现，
可是作为会议主持人讲话的时候，
似乎难以发挥，水平大打折扣。

> 对思想上不重视、部署上不到位、行动上不积极、敷衍塞责、消极应付的将严肃追责问责。按照现在这样写，就有可能去检查人家的台账、检查是否开过会，工作是否留痕迹。如果改成督查任务分解、工作进度会更好。 万

> 督查的这段，应该是检查任务分解落实情况、工作进度情况。督查的是看得见的东西。现在所写的是思想上重视与否，这是看不见的东西。督查不诛心。法律不诛心。应该写实体内容。 万

主持人为什么普遍讲得不精彩？
难道是怕抢了会议最高领导的风头，
还是看大家在收拾东西准备散会，
不想硬着头皮耽误大家时间？
或者，主持人非常有自知之明：
讲得再精彩也留不住大家盼望散会的心！
这又回到本书前几章的问题：
部署工作的动员会，到底有没有必要？

主持稿分析完了，万华说句题外话，
其实，大多数专题会、部署动员会，
都没必要设置专门的主持人，
那些固定的、成套的、可有可无的话，
要么由一把手一并讲了就得了，
要么干脆不必再重复强调了。

那么，哪些会议必须单设主持人？
会议主持人的作用是什么？
情境之一：会议主题比较宽泛。如，

事先不审查发言稿的座谈会、讨论会，

需要主持人把握主题不跑偏，

也要防止大家抢话筒、不讲会德。

有人没听说过罗伯特议事规则，

不知何为会德，以为嗓门大就有道理。

情境之二：参会对象隶属关系不明晰。

如，学会、协会、议事的委员会等，

主席台上的领导，未必比台下的级别高，

或者不设主席台，大家围圈坐，

一般需要协会或委员会的秘书长主持，

主持会议是协会学会秘书长的正业。

情境之三：与会人员不认识或不太熟悉的会，

比如，机关或企事业单位的家属团拜会。

大多数家属不认识谁是董事长总经理，

需要主持人把公司领导班子请上台，

并且逐一介绍姓名和职务，

然后才是有关领导给家属们说拜年祝福语，

再然后才是歌舞、吃喝、抽奖等。

万华在某视频上看过一家公司的团拜会，

公司领导班子是由董秘请上台的，

董秘是由行政总监请上台的。这样论起来，

行政总监是团拜会主持人的主持人。

干吗那么麻烦，董秘觉得
自我介绍跌份吗？

小白

万华漫话

董秘总不好意思说：我
这职务听上去像秘书，其实
属于班子成员。

 罗伯特

 董秘

【万华的网友在加班】

请在此写下你的阅读感受，拍照发给万华，
　本书加印时会将你的留言印在书里，
　　让后续的读者感受你的感受。

....

....

....

....

....

....

....

拍照

后记
为什么还是建议你写业务

如果按照文字材料的虚实程度，
给单位的各个科室排序的话，
机关的办公室、企事业单位的行政办，
处于中位数，既写实，也务虚，
企业的业绩一般写实，但也要加上务虚。
机关中的发改委，比办公室更实，
企业的技术科、销售科比行政办更实。

行政办的材料，要求有一定综合性，
这是由运转中枢的职责所决定的。
但综合性并不排除可以有业务含量，
具体什么风格，一方面取决于领导，
有的领导要求行政办与业务科都要务实；
另一方面，也部分地取决于执笔者，
有创意的执笔者，哪怕是洗稿，

中枢

也能洗出自己的新意，让人眼前一亮！
洗出机器人无法模仿的新内容；
而固步自封的执笔者，即便给他空间，
他也止步于套路，久而久之，自废武功，
领导也不再给他交办起草重要材料的任务。

刚才是老古让我这样修改的。

多学习老古的沉稳，
但别学他沉闷，
要把业务上的新
情况、新问题写到位。

身在行政办，如果你总是身在曹营心在汉，
高度关注企划、技术、市场部的业务，
你的综合性稿子里，总是不由自主写到业务，
写得比业务科室还深、还准、还前瞻，
你就差不多向下兼容了他们的技能，
也就不太容易被人工智能替代！

企划

如果你嫌行政办的材料太过务虚，
或者你的科室比行政办还务虚，
就是整天写似曾相识的车轱辘语句，
既没有战略，也没有战术的那种从内而外的虚，
读一遍啥信息都没接收到的那种虚，
如果是这样，那你要警惕了，本领恐慌了。

近期，媒体在分析新能源汽车的发展方向，
纯电、油电混合、氢能，造车新势力；
在分析合肥政府是怎么招商的，
分析合肥的政府产业基金的投资决策机制，
与自己所在地政府的产业基金运行的异同点；
分析人工智能将如何改变人们的生活；
分析为什么缺芯，芯片制造为什么那么难；
分析电竞、脱口秀、剧本杀的监管难题，
分析这些新兴行业有什么特点，该怎么发展；
分析元宇宙的新挑战、新机遇和 NFT。

哪怕元宇宙今后被证明是个炒作的概念，

 元宇宙

但你没思考、没研究，并不能证明你有先见之明，
只能证明你不够开放、对新生事物缺乏好奇。

许多网友问万华：你从第一本书到第四本书，
不厌其烦地反复提到文稿的业务含量，
究竟什么是有业务含量的文字材料？
万华觉得，以上这些就是，当然不限于这些。

如果你在政府某机关的写材料岗位，
以上内容，近两年来你一项都没在意，
在媒体上、在单位的文件和简报里看到过，
但没引起你注意，也没兴趣查资料，
因为领导让你写的材料，这些问题都不涉及，
或者只是"点名式"地写到这些字眼，
完全写皮毛，不需要真的了解，也就写写而已，
不需要请教和讨论，更不需要深入分析研究，
你写材料任务已经很重，不想再给自己添麻烦，
而且这样的写材料状态，已经持续较长时间。

 业务含量

如果是这样，那么万华建议你调动岗位，
你应该向领导提出来，调到有业务含量的岗位，
写那些贴近业务、有技术含量的材料，
提高自己岗位技能的护城河，
这也是回归初心、回归常识的选择。

许多事情，如果逻辑上是正确的，
包括小学老师教过的那些做人做事的道理，
建议你要坚守和坚持，不应该随大溜。
万华就是随大溜的典型，
总是觉得自己太渺小，实际上没有毅力，
长期待在舒适或不太舒适的区域，
现在，万华后悔自己年轻时没有坚持该坚持的。

我知道，写材料的人面临的共性问题是：
好不容易被领导物色到，决不会被轻易放走！
所以，对于你提出的调动岗位的要求，
温和的领导，会想出各种委婉的借口给你拖。
如果是强势的领导，一般会一口回绝：

随大溜 ▸

**希望这是你最后一次
向我提这种要求！**

阴着拖着的、强势拒绝的只是两个极端，
大多数更有建设性的领导，大概会说：
问题是，这个岗位暂时离不开你啊！
要不，你留心一下，推荐合适的人替换？

小白

领导不让调动怎么办？

万华漫话

**有这种顾虑，说明你决心
不够大，患得患失。**

替换 ▸

你怎么判断领导这句话的成色，
是在敷衍你，还是他真的有整体考虑？
先看他的位置，在你的问题上是否说了算；
再看他的过往，对别人是否重情重义，
具体来说，是否提携过曾经的身边人。

如果你是半路出家开始写材料，
也就是从业务岗位抽调到行政办的，
则应该利用接触面广的有利条件，
使自己得到更快的成长进步。
比如，行政办能看到更多的材料，
经常旁听中层以上领导才能参加的会议，
观察揣摩高管的思路和决策行为，
处在比业务岗位更高的层面看问题。

有了这样的有利条件，请一定珍惜，
不要满足于写务虚材料的舒适区，
要用宏观视野调校自己的业务认知，

调校

并体现在自己起草的文稿中，
既有宏观高度，又体现业务含量，
这种稿子来上几篇，领导自然刮目相看，
不再轻易安排你写套路化的材料，
久而久之，你就被贴上了专业标签，
可以有更好的职业发展空间，
退一万步说，即便不能当领导，
继续回到业务岗位，也不是原地踏步，
而是螺旋式的、在更高层面回归业务岗位。

当然，行政办往往杂事比较多，
跑腿不说，文字材料也非常繁重，
除了完成直接领导的文稿任务之外，
还有上级各种渠道找你报送材料。

万华就长期工作在一边催别人报材料，
一边也被上级催报材料的岗位，
这种岗位，稍不注意就陷入事务堆，
穷于应付，不得已就拿洗稿交差。

标签

最后，总结一下，
要把大象搁冰箱，统共分两步：
第一步，先学会写材料，
以准确、出色、快枪手的文字表达，
在同龄人中脱颖而出，进入单位主要领导视野；
第二步，不能满足于、局限于做文字工作，
最多三五年，必须在更高层面回归核心业务，
打开职业生涯的新空间。

蓝书 P156

这篇后记，以及万华之前写的 3 本书，
都包含了一个共同意图，那就是，
建议你做一名有业务含量的写材料者，
这里的业务，是指职能部门的业务，
而不是玩形式逻辑、玩文字花样。

如果你是写字楼白领、单位文字材料写作者，
万华祝愿你不仅难以被人工智能设备替代，
也难以被同事替代、被领导替代。
对的，包括难以被你所服务的领导替代！

业务

你每次向你的领导提交的材料，
争取都有至少一小点新思路、新内容，
让领导感受到，你在学习、在钻研、在进步，
每次争取或多或少超出领导的预期，
而不要让你的领导有这种感觉：
和你讨论修改材料，还不如自己动笔！

为了让你对空洞的文字材料有更深的感受，
为了让万华的苦口婆心起点作用，
需要用一组"漫话"来结束这本书。

故事连载之一

从前有座文山，山上有家肉夹馍店，
隔壁紧挨着的，是一家驴肉火烧店，
再隔壁是汉堡包店，竞争非常激烈！
引发价格战的同时又争相减少馅芯。

漫话

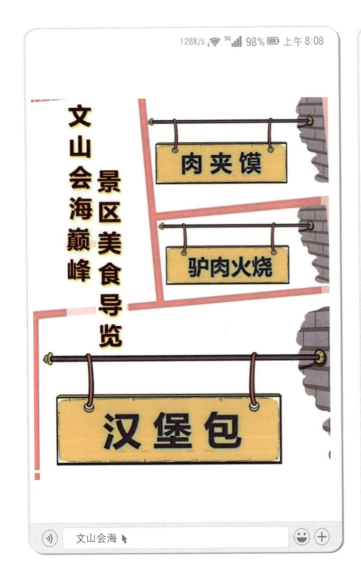

文山会海 ▮

故事连载之二

从前有座文山，山上几家小食店，
都非常注重食品外观的第一印象，
没办法啊，景点餐饮难有回头客，
卖一个是一个，被同行"内卷"所迫。

故事连载之三

从前有座文山，山上的肉夹馍有芝麻，
游客说：肉夹馍的面饼不用撒芝麻的。
店主答：左邻右舍有，所以我必须有。
游客说：你该有的倒没有，肉太少了！

故事连载之四

从前有座文山，山上卖芝麻面饼，
芝麻排列的图案各种花里胡哨。
游客问：明明都卖差不多的面饼，
为啥店招还是肉夹馍火烧汉堡包?

"内卷" ▮

立面图 刚开张 一段时间后 现在

平面图

故事连载之五

从前有座文山，山上好多家面饼店，
递给顾客前，店员都把饼一切两片。
顾客疑问：又不塞肉又不加火腿肠，
那你们为什么还要多此一举切一刀？

规划布局
成立专班　动员部署
指导思想　基本原则　工作策略

实施过程基本没写！

累计完成　搬迁户数　腾地面积
丰硕成果　达到预期目标

切一刀 ▶

【万华的网友在加班】

加班 ▶

图书在版编目（CIP）数据

写材料算怎么回事：讲话稿写作密码 / 万华著.
－－上海：上海三联书店，2023.5
ISBN 978-7-5426-7956-7

Ⅰ.①写… Ⅱ.①万… Ⅲ.①演讲—写作
Ⅳ.①H152.3

中国版本图书馆CIP数据核字（2022）第225003号

写材料算怎么回事：讲话稿写作密码

著　　者 / 万　华
卡通绘制 / 彭船洋

责任编辑 / 郑秀艳
装帧设计 / 一本好书
监　　制 / 姚　军
责任校对 / 王凌霄

出版发行 / 上海三联书店
　　　　　（200030）中国上海市漕溪北路331号A座6楼
邮　　箱 / sdxsanlian@sina.com
邮购电话 / 021－22895540
印　　刷 / 上海南朝印刷有限公司

版　　次 / 2023 年 5 月第 1 版
印　　次 / 2023 年 5 月第 1 次印刷
开　　本 / 710mm X 1000mm　1/16
字　　数 / 180 千字
印　　张 / 13
书　　号 / ISBN 978-7-5426-7956-7 / H·123
定　　价 / 60.00 元

敬启读者，如发现本书有印装质量问题，请与印刷厂联系 021－62213990